마음의 창을 닦고

김성은 수필집

마음의 창을 닦고

초판1쇄 발행 2025년 5월 30일

지은이 김성은
펴낸이 이길안
펴낸곳 세종출판사

주소 부산광역시 중구 흑교로 71번길 12 (보수동2가)
전화 051-463-5898, 253-2213~5
팩스 051-248-4880
전자우편 sjpl5898@daum.net
출판등록 제02-01-96

ISBN 979-11-5979-795-8 03810

정가 17,000원

이 책은 저작권법에 따라 보호받는 저작물이므로 무단전재와
무단복제를 금지하며, 이 책 내용의 전부 또는 일부 내용을 재사용하려면
사전에 저작권자와 세종출판사의 동의를 받아야 합니다.
* 잘못된 책은 교환해 드립니다.

마음의 창을 닦고

김성은 수필집

세종출판사

수필집을 출간하며

 2025년 꽁꽁 언 땅이 녹고 한겨울 혹독한 추위를 견뎌낸 나무에 눈이 생기고 움이 트기 시작하는 이른 봄이 되었다. 겨우내 메말랐던 땅과 나무는 3월 말까지 계속된 꽃샘추위에도 아랑곳하지 않고, 뿌리와 가지에 생명수를 끌어 모아 새싹을 틔워내고 꽃을 피워내었다. 봄꽃이란 그런 의미가 있다. 출산의 고통을 견뎌내고 인내하며 마침내 피어난 강인한 아름다움. 매화, 생강나무 꽃, 목련, 개나리, 벚꽃, 진달래가 활짝 웃는다.
 1988년 대학원에 진학하면서 논문을 쓰기 시작한 이래 한국사와 여성사를 주제로 수십 편의 논문, 여러 편의 칼럼, 네 권의 저서, 여러 권의 공저를 출판했다. 지금도 두 권의 책이 교정을 기다리고 있다. 풍비박산 난 자신을 추스르는 가운데 2021년 등단해 공식적으로 문학 글쓰기에 입문했다. 역사와 인물, 문화유산, 일상을 글감으로 청탁받은 원고(수필)를 쓰기 시작했고, 통도사 서운암 전국문학인꽃축제와 부산 동백시화전에 제출할 시를 쓰는 일이 루틴이 되었다. 올해는 독후감처럼 산행 후기를 써보았다. '유산遊山'을 즐기며 글을 남겼던 조선시대 선비들의 행적을 닮아가는 듯하다.

　회복에는 시간이 걸린다. 삶의 무게를 견디며 온몸으로 정신을 부여잡고 부서진 심장을 꿰매며 살아가는 와중에도 자기를 바라보고 자아를 인식하는 순간을 마주하게 된다.『부산여성문인사전』(2025) 프로필 원고 마감을 앞두고 있었다. 이른바 문인인데 문학 작품집 하나 없이 프로필을 채워야 할까 뒤숭숭한 마음, 지금부터 부지런히 써서 수필집을 내면 된다는 막연함, 수필집 낼 만한 분량이 채워질까 하는 의구심, 인파와 세파에 지쳐 만사 귀찮은 귀차니즘이 오락가락. 내적 갈등을 한쪽으로 밀어두고 일상에 바쁘던 어느 날 문득 홀린 듯이 일어나 노트북을 열었다. 컴퓨터 폴더에는 뿔뿔이 흩어지고 갈기갈기 찢어져 나뒹굴던 시간과 마음의 조각들이 모여 있었다. 순간 신들린 듯이 목차를 디자인해 삶의 조각보를 이어 붙이기 시작했다. 정신없이 가위질, 풀질, 바느질을 하는 가운데 창밖이 훤히 밝아왔다. 생각보다 시간이 걸리는 작업이었다. 어느새 수필집 모양이 갖추어졌다. 밤을 지새우다니. 평소 잠이 많던 나로서는 있을 수 없는 일이었다. 삶은 충격과 놀람의 연속이다. 얼기설기 시작했으나 그런대로 나만의 멋진 조각보가 완성되었다. 그제야 머리가 무거워지면서 잠이 쏟아졌고 일을 마쳤다는 홀가분한 마음으로 잠들 수 있었다. 그 새

벽에 붙인 제목이 '마음의 창을 닦고'다. 이후 제목을 여러 가지 구상해 보았으나 결국 그때의 감성이 반영된 제목 그대로 쓰기로 했다. 이렇게 첫 수필집 『마음의 창을 닦고』가 세상에 나오게 되었다.

사실 늦은 감이 있다. 통찰력과 따뜻한 마음으로 감동과 공감을 불러일으키는 글을 쓰는 문인, 훌륭한 작가이자 역사가가 되리라. 매일 일정 시간 책상에 앉아 글을 쓰리라. 글쓰기로 새벽을 열리라. 다짐했건만 수년이 지난 지금도 노트북 열고 글을 시작하기가 쉽지 않다. 부팅하는 데 시간이 걸린다. 데드라인이 닥쳐서야 시작하고 심지어는 마감일을 넘기는 비겁한 게으름을 어떻게 해야 할까. 노트북 뚜껑이 무쇠도 아닌데 그렇게 열기가 어렵다니. 컴퓨터를 켜고서도 차분히 글을 쓰지 못하고 어느새 여기저기 클릭하며 딴눈 파는 일이 많다. 그새 퐁퐁퐁 솟아나던 샘물들은 정처 없이 어디론가 흘러가고 증발해 흔적도 없이 사라졌다. 그렇게 시간을 흘려보냈다. 색이 바랜 기억은 흑백의 기록보다 더 희미하다. 바람직한 실행을 반복하고 좋은 습관으로 체화해 정체성 만들기. 이를 위해 날마다 시간을 정해 글을 쓸 수밖에 없는 환경을 조성하는 게 우선인데 방법을 찾아봐야겠다.

글을 쓴다는 건 바로 지금 · 여기 · 이 순간의 환경과 상황, 생각과 감성을 붙잡아 박제시키는 행위예술이다. 글을 읽으면 그 사람의 성품이 떠오른다. 글에는 사고의 과정이 드러나고 마음의 깊이와 넓이가 드러난다. 나를 드러내지 않으면 제대로 된 글을 쓸 수 없다. 그런 글을 묶어 세상에 내놓는다는 건 쉬운 일이 아니다. 그럼에도 그동안 썼던 글을 모아 수필집으로 내게 되었다. 문인이라면, 수필가라면 자신의 작품집이 있어야 하니까. 이 경우 '구슬도 꿰어야 보배'라는 말은 좀 부끄럽다. 구슬 자체가 울퉁불퉁하고 매우 거칠기 때문이다. 웬만하면 언제 어디서 쓴 글인지 밝혀 두었다. 앞으로도 그럴 것이다. 흩어져있던 글을 모으고 다시 읽다 보니 깨달은 바가 있다. 글은 그때 그 사람의 생각과 내면을 비추는 거울이긴 하나 지금의 자아는 그때의 자아와는 다르다. 시간이 가고 경험이 더해지면서 사람과 사물을 보는 눈이 달라지기 때문이다. 원하건대 더욱 깊이 있고 폭넓은 사람이 되기를 바란다. 글이란 그 사람의 정신세계를 반영하고 있지만 이미 과거의 생각이고 마음이다. 지금·여기·이 순간 이 사람은 과거의 그가 아니다. 과거에서 떠나온 현재의 그와 과거를 혼동하지 말아야 한다. 미래의 그 역시 과거나 현재의 그와는 다를 것이다. 그것이 순리라고 생각한다. 글은 과거의 그를 이해하는 바탕이지만 현재를 온전히 대변할 수 없다. 이 원리를 이해하지 못한다면 글은 오해의 원천이 될 수도 있다. 인생무상을 알고 인생을 홀가분하고 의미 있게 써 내려가 보고자 한다.

머리말 간단하게 쓰지 뭐, 열 줄 채우기도 힘들 줄 알았는데 일단 쓰기 시작하니 이렇게 할 말이 많았나 싶다. 수다쟁이 같다. 형언하기 어려운 고통으로 몸과 정신이 마비될 지경에 이르렀지만 새로운 데 눈뜨게 되면서 생기를 되찾았다. 늘 그렇듯 영감을 준 가족과 친지들, 상황과 환경에 감사드린다. 어머니의 인도로 청탁받은 원고를 쓰기 시작했고, 부모님의 응원에 글을 잘 쓰는 줄 알고 되는대로 성실하게 써서 보냈다. 가능한 대로 문인들 모임에 참여하고 문학 답사도 다니며 임원으로 활동하고 있다. 어머니 따라 통도사 서운암에서 조계종 종정 중봉 성파 대종사를 비롯해 여러 스님들을 뵈었고 불교문화에 관심을 갖게 되었다. 시절인연時節因緣과 무상無常의 깨달음도 얻었다. 뜻을 같이 하는 이들과 도시를 횡단하고 산을 오르며 무념무상無念無想의 일상을 보내었다. 가족과 환경의 중요함을 느낀다. 무엇보다 아버지, 어머니의 집밥 건강식과 맛집 외식 덕분에 마음을 다스리고 글을 쓰고 수필집을 발간할 힘을 낼 수 있었다. 잘 살자고 하는 일이다. 제대로 일하고 건강하게 잘 자고 잘 먹고 잘 놀고 자주 행복을 느끼며 사는 게 잘 사는 삶이다. 참 고맙고 감사한 마음이다.

2025년 4월 5일 경산 성암산 자락에서

차례

수필집을 출간하며 • 5

제1장 부산을 노래하다

아버지의 텃밭과 손수 만든 건강식	15
부산에 가면 나를 다시 볼 수 있을까	22
바닷바람 솔향기 흩날리는 해운포 수영	28
박차정, 여성해방과 민족독립을 위한 행진	39
학생항일운동 지도자 최복순	70

제2장 내 마음은 날개를 달고

20년 된 상품권, 유효할까	89
사랑의 유통기한	96
도깨비 세상	102

폭풍우에서 살아남은 사람들   109
내 마음의 안식처   118
행복에 이르는 길   122
망고는 날개를 달고   126
피자와 녹두빈대떡   130
편지에서 떠오른 뭉게구름   136

제3장 독서와 문화 산책

책과 산책   149
부자의 언어   156
사람은 무엇으로 사는가   163
글을 쓴다는 것   169
인생을 대하는 우리의 자세   174
뤄양(洛陽낙양)으로 가는 길   181
번뇌를 씻는 망천수忘川水, 몰입   187

남해 노도櫓島에서 만난 김만중과 한글소설 192
대구 간송미술관과 전형필 200

제4장 영축문학과의 인연

영축산 통도사 길 위에 서다 209
통도사 영산전 다보탑과 크리스마스트리 214
통도사 서운암에는 춤추는 사자와 고래가 있다 221
신라 대국통大國統 자장율사慈藏律士 227
원효대사의 발자취를 따라, 경북 경산慶山에서 249
자통홍제존자慈通弘濟尊者 사명대사四溟大師 유정惟政 256

제 1 장
부산을 노래하다

부산의 맛과 멋

: 아버지의 텃밭과 손수 만든 건강식

　말복 아침이다. 비도 엄청 오네. 그렇게 무덥던 여름도 물러갈 때가 되었나 보다. 혹독한 더위를 견뎌내었으니 시원한 가을을 맞이할 날이 머지않았다.
　후두둑 토도독 비 오는 소리에 실려 '방아(방애, 배초향排草香)' 향과 '정구지찌짐(부추전)' 굽는 냄새가 요동친다. '부산의 맛'이라 하면 먼저 독특한 방아향이 떠오른다. 같은 경상도이지만 대구에서는 음식에 제피(산초와 다름)라는 향료를 넣는다. 내가 아는 대구 사람은 제피 넣은 김치는 즐겨 먹지만, 방아 넣은 된장찌개나 정구지찌짐은 못 먹는다. 방아 특유의 진한 향에 적응이 안 되는 것이다. 나도 어릴 때 "엄마는 이걸 왜 맛있다고 하지? 으응??" 의문이었다. 어머니는 수영 이층집 마당 한구석에 방아를 심어놓고 된장찌개나 정구지찌짐 만들 때면 몇 닢 뜯어오라고 심부름을 시켰다. 내가 뜯어간 방아잎을 넣어 만든 음식이 반찬으로 나올 때면 왠지 모르게 뿌듯했다. 그렇게 방아 향에 적응하고 조금씩 먹게 된 것 같다.

지금도 어머니는 '방아잎, 된장, 조개 조금 넣어서 얇게 부친 정구지찌짐'을 해 먹는 게 낙이다. 어머니의 최애 음식이기도 하다. 어머니, 아버지와 식탁에 둘러앉아 둥그런 찌짐을 젓가락으로 이리저리 나누어 먹으니 더 맛있다. 함께 함으로 맛과 추억의 풍미가 깊어지는 듯하다. 어머니의 암 수술 이후 '정구지'는 가장 중요한 먹거리 약초가 되었다. 퇴직 이후 30년 동안 아버지는 기장 텃밭에 온갖 채소를 심고 정성으로 가꾸었다. 매일 아침 아버지는 밭에서 가져온 정구지를 다듬고 씻고 착즙하여 어머니에게 건넨다. 정구지즙 자체는 맛이 텁텁하지만 사과즙과 섞으면 목 넘김이 부드럽게 된다. 사과와 정구지, 사과와 당근으로 만든 과일·채소 즙은 부모님이 함께 즐기는 건강식이자 매일 아침 아버지가 어머니를 위해 정성으로 거행하는 경건한 의식이 되었다.

어머니, 아버지와 함께 식탁에 둘러앉아서 하는 또 하나의 의식은 '차茶' 마시기다. 이 세상에 단 하나의 차 '유일무이 차', 어머니와 아버지의 합작품, 메이드인 우리 집 차, 트레이드마크 '물소리 바람소리' 차를 즐기는 순간이다. 얼마 전까지도 내게 차는 그냥 밍밍한 따뜻한 물에 지나지 않았다. 왜 사람들은 맑은 차를 좋아할까 의문이었다. 인도·네팔여행 때 맛본 짜이(밀크티, Masala chai, मसालाचाय)는 맛있었지만 차는 별 맛이 없다고 느꼈다. 그런데 이제 알게 되었다. 최근 집과 통도사에서 마셨던 차는 차만 마시는 게 아니라 다식도 곁들인 그야말로 '다과'였다. 게다가 '물소리 연록차' 메이드인 우리 집 차는 다른 차와는 달리 고소하다. 흠! 고소한 맛이 나니 목 넘김도 좋고 따뜻하게 온몸에 퍼지는 맛도 있다. 게다가 지루하지 않다. 이야기도 곁들여 여럿이 나누어 마시고, 찻주전자에 뜨신 물을 부어 차를 우려내고 찻잔에 따르느라 움직이는 재미도 있다.

  우리 차 문화는 언제 어떻게 시작되었을까. 48년 아유타국 공주 허황옥이 바다를 건너 금관가야(현재 김해)에 올 때 차 씨를 가져왔다고 전해진다. 1세기 중반부터 김해 지역에서 차가 재배되기 시작했고, 중간에 차 재배가 중단되었지만 야생차로 살아남아 오늘날 '장군차'로 이어지고 있다. 김해 금관가야 시조 허황옥 이야기에는 망망대해 파도를 잠재우는 파사탑, 오빠 장유화상, 승려가 된 7명의 아들(경남 하동 지리산 칠불사)이 등장하는 것을 볼 때 김해 차는 분명 불교 전래, 불교문화와 관련이 있다.『삼국유사』에는 금관가야 왕들에 대한 제사가 '다례'로 거행되었다는 기록이 있다. 일찍이 김해 금관가야에서 차가 재배되었고 조상에 대한 헌다례 형식의 차 문화가 왕실 문화로 전승되었음을 알 수 있다.

『통도사 사적기』에 따르면 643년 신라 선덕여왕 때 자장율사가 당나라에 갔다가 귀국하면서 차 종자를 가져와서 통도사 뒷산 영축산에 심었다. 실제로 통도사 인근 울산 다전(茶田, 현재 다운동, 다운로) 일대에서 차가 재배되었다고 한다. 7세기 신라시대 울산 일대에 당나라산 차 종자가 이식되어 차 재배가 확산되었음을 알 수 있다.『통도사 사적기』에 '자장율사'가 '조일율사'를 '화향花香 제자'로 삼았다는 기록을 근거로 이때부터 불교에서 차 공양을 매우 중시했다고 해석하기도 한다. 이처럼 차는 7세기 신라 사회에서 통도사와 밀접한 관련을 가진 불교문화로 전승되었다.

8세기 신라 경덕왕(재위 742~765) 때 황룡사 '연기조사緣起祖師'는 구례에 화엄사華嚴寺를 창건(또는 중창)했다. 경내에 '사사자3층석탑四獅子三層石塔'과 머리에 석등 모자를 쓴 공양주 석상을 세워 중생에게 불법을 전하고 어머니에 대한 효도를 다하고자 했다. 공양주는 '연기조사'로, 왼손에 '찻잔'을 들고 석등을 머리에 이고 오른 무릎은 꿇고 왼 무릎은 세우고 앉아 석탑 중심에 서있는 어머니(추정)에게 차를 공양하는 모습으로 해석하기도 한다. 화엄사에서도 불교와 밀접한 다례와 차 문화를 확인할 수 있다.

『삼국사기』에 의하면 828년 신라 사신 김대렴이 당나라에 갔다가 귀국하면서 차나무 씨를 가져왔다. 흥덕왕은 지리산 일대에 이 차나무 씨를 심도록 했다. 이를 계기로 차 재배가 확산되었기에 우리나라 최초의 '차 시배지'는 경남 하동 지리산 일대라고 알려지게 되었다.

이제 우리 집으로 돌아오자. 언젠가 어머니가 조계종 종정 중봉 성파 대종사로부터 선물로 받은 차 한 통을 보여주며 엄청 기뻐하시던 모습을 기억한다. 손수 만든 차를 선물로 나누어주시던 성파스님의 멋짐을 본받고 싶으셨던 것 같다. 언제부터인가 아버지는 텃밭에 차밭을 만들어 손수 차를 재배하기 시작했다. 차나무에 새순이 돋기 시작하면 어머니는 문인들의 도움을 받아 찻잎을 따고 볶아서 엄마표 차를 만들어냈다. 그렇게 만든 찻잎을 둥그런 종이통에 담고 겉에 수안스님의 그림 '물소리 연록차' 스티커를 붙여 화룡점정의 미를 완성했다.

몇 년 전 해운대 아파트 거실 바닥, 넓고 흰 종이 위에 얇게 펴서 말리고 있는 찻잎들을 본 적이 있다. 동백물소리농원의 차나무와 찻잎은 아버지와 어머니의 관심을 한 몸에 받으며 꾸준히 자랐다. 차나무는 무성한 더위와 앙상한 추위, 사계절의 윤회를 거친다. 따뜻한 봄날 새순으로 소생해 뜨거운 솥에서 여러 번 단련된 후에야 비로소 명품 차로 거듭난다. 어느새 '물소리 연록차'는 명품차가 되어 작은 찻주전자 안에서 숙성된 맛을 우려내며 내 앞에 앉아 있었다. '물소리 연록차'는 홈메이드 한정판으로 어머니·아버지의 정성과 뿌듯함이 담겨있는 매우 귀하고 의미 깊은 차다. 그렇게 나는 조금씩 차의 맛과 멋을 느끼기 시작했다.

세 번째 우리 집 홈메이드 건강식은 '매실 농축액'이다. 아버지는 동백물소리농원에 매화나무를 심었다. 수년간 아버지의 땀과 정성을 먹은 나무는 무럭무럭 자라 매화가 피고 지고 드디어 매실이 달리기 시작했다. 해마다 매실은 통실해졌고 아버지는 올해 6월에도 알알이 매실을 두 바구니 따오셨다. 커다란 유리 항아리 설탕에 버무려진 매실은 발효되어 보글보글 끓어 넘쳤다. 매해 어머니 아버지는 매실로 농축액을 만들어 아들딸들에게 나눠주셨다. 더운 여름 매실액을 생수에 타서 마시면 새콤달콤 시원한 건강음료가 따로 없다. 매실의 기운이 따뜻해서 그런지 차게 해서 마셔도 배탈이 나지 않아 더욱 좋았다. 어머니는 매실과 매실액을 이웃들과도 나누었다. 부지런함과 정성, 감사함이 가득한 선물을 드리고 싶으셨나 보다. 홈메이드 매실 농축액이 든 예쁜 병에 엄마표 브랜드 '물소리' 그림 스티커를 붙여 주위 분들에게 선물로 드렸다. 이를 위해 병을 모으기 시작했는데, 그 출발이 몇 년 전 어머니 아버지 동생과 함께 갔던 크로아티아 여행이었다. 어머니는 생수를 다 마시고 너무 예뻐서 버리기 아까운 빈 유리병을 한국에 가져와서 매실액을 담아보았다. 플라스틱 생수병에서 예쁜 유리병으로의 터닝 포인트였다.

내게 부산의 맛과 멋은 아버지의 텃밭에서 가져온 채소와 과일로 만든 음식, 가족과 함께 하는 식사, 방아잎을 넣은 정구지찌짐(부추전), 어머니의 트레이드마크 '물소리' 그림 스티커를 붙인 홈메이드 녹차와 매실액이다. 글쓰기 덕분에 수면에 떠오른 글감으로 오랜만에 '추억 조각보'를 만들었다. (2021년)

부산의 노래

: 부산에 가면 나를 다시 볼 수 있을까

『부산의 노래, 문학으로 만나다』에 제출할 글감을 찾기 위해 내게 영감을 주는 부산 노래로 어떤 게 있을까 '네이버'를 방문해 보았다. '돌아와요 부산항에' '부산갈매기'는 부산을 대표하는 유명한 곡들이지만 내 심금을 울리지는 못했다. 다음으로 6·25전쟁 시기 부산 피난 시절 작곡가 윤용하가 박화목의 글로 만든 노래 '보리밭'에 눈이 갔다. 바람결에 물결치는 드넓은 바다 같은 보리밭. 상상은 가지만 그런 보리밭을 직접 본 적이 없다. 글의 실마리가 풀리지 않았다.

얼마간 시간이 흘렀고 오늘 5월 30일, 원고 마감 1일 전이라는 문자 알림을 받았다. 그래, 다시 해보자. '다음'에 가서 문을 두드려 보았다. '부산에 가면' 제목이 눈에 들어왔다. 부산 기장 출신 가수 최백호의 노래였다. 클릭해서 들어보았다. 조용하고 투명한 피아노 음색으로 가만히 마음의 문을 두드리더니 강 약 중강 약으로 변주되는 멜로디가 심금을 울리기 시작했다. 가만히 읊조리는 시어가 어느새 마음에 스며들었다. 드디어 찾았다! 마음에 잔잔한 파도가 일면서 하늘에서 비가 내리기 시작했다. 천둥이 치려나?

　노래 가사는 "부산에 가면 다시 너를 볼 수 있을까"로 시작된다. 그런데 이상하게도 난 이걸 처음 들었을 때 "부산에 가면 다시 나를 볼 수 있을까"로 알아들었다. "진정한 자아를 찾을 수 있을까"로 받아들였던 것이다. 순간적으로 왜 부산에서 나를 다시 찾을 생각을 했지? 무의식중에 나를 잃어버렸다고 생각했나? 뭔가 엉킨 실타래를 풀 수 있는 실마리를 찾고 싶었나 보다.

잃어버린 것에 대하여 (최백호 산문집)
저자 최백호　출판 마음의숲　2023.02.03.
★ 5.0 (4)
도서　판매처 194　최저 **14,540**원

부산에 가면 다시 너를 볼 수 있을까
고운 머릿결을 흩날리며 나를 반겼던
그 부산역 앞은 참 많이도 변했구나
어디로 가야 하나 너도 이제는 없는데

무작정 올라간 달맞이 고갯엔
오래된 바다만 오래된 우리만

시간이 멈춰버린 듯 이대로
손을 꼭 잡고 그때처럼 걸어보자

아무 생각 없이 찾아간 광안리
그때 그 미소가 그때 그 향기가

빛바랜 바다에 비치 너의 내가
파도에 부서져 깨진 조각들을 맞춰본다

부산에 가면

제1장 부산을 노래하다

'부산에 가면'에는 세 군데 장소가 나온다. 부산역 앞, 달맞이고개, 광안리. 내게는 부산역에 대한 기억이 부산항구보다 압도적으로 더 많다. 부산항은 부산역으로 가는 길목에 있는 배경일 뿐. 내 생활권은 늘 부산역이다. 역은 서울과 부산 그 사이를 이어주고, 만남과 헤어짐이 반복되는 특별하고도 일상적인 장소이다. '부산 바다'라고 하면 '해운대, 달맞이고개, 광안리' 이미지가 부산항을 드나드는 연락선이나 갈매기보다 훨씬 더 친숙하다. 그래서 최백호의 노랫말이 마음에 와닿았다.

최백호는 부산역에 내려 망연자실했다. "어디로 가야 하나." 고향에 와서 어디로 가야 하나를 고민하다니. 부산역 앞에서 최백호가 느낀 건 "참 많이도 변했구나."였다. 이제는 가고 없는 그 사람을 떠올리며 그렇게 느꼈을 것이다. 내 사람이 있는 곳, 마음이 향向하는 곳, 반겨주는 사람이 있는 곳, 그곳이 고향故鄕인 듯싶다. 마음의 고향! 내 고향은 부산이다. 부모님이 계시기 때문이다.

요즘 내가 부산에서 자주 이용하는 역은 구포역이다. 경산역에서 출발해 부산역에서 해운대 가는 직행버스를 타는 것보다는 구포역에 내려 전철 타고 동백역 가는 코스로 다닌 지 꽤 되었다. 경산역과 구포역에는 대부분 무궁화호가 정차하니 구포역에 내려 전철 타기도 쉽다. 무궁화호는 구포역에 정차한 뒤 부산역으로 가고, 부산역에서 출발해서 구포역에 정차하니 그만큼 시간도 절약된다.

그러다가 작년 말 부산역까지 가야 할 일이 생겼다. 노숙자들의 숙박과 술판이 벌어지고 언제 끝날지 알 수 없는 공사판으로 오랫동안 불편했던 부산역 광장은 그동안 정비가 완료되어 있었다. 도로 주변과 건너편도 깔끔하게 정비되어 있었다. 모든 건 변화하는구나. 간결하고 깔끔한 변화가 바람직했다. 다행히 나는 부산역에 내려서도 갈 데가 있고 반겨주는 부모님도 계신다. 정말 다행스럽고 고마운 일이다.

하지만 최백호는 고향 부산에 와서도 딱히 갈 데가 없었다. 미소로 반겨주던 그녀도 없었다. 그래서 아무 생각 없이 무작정 찾아간 곳이 달맞이고개와 광안리 바닷가였다. 달맞이고개에서는 그녀와 함께 했던 시공간 오래된 바닷가를 거닐었고, 광안리 빛바랜 바다 사이를 바라보며 파도에 부서져 깨진 조각을 맞춰보기도 했다. 광안리에서 선명한 푸른 바다를 기대하기는 어렵지만 깨진 조각을 맞추어 볼 수는 있지. 빛은 균열 사이로 스며들어 뼈를 더 단단하게 붙여놓을 수 있다.

나도 마찬가지다. 아끼던 명품 도자기가 깨졌는데 이걸 어쩐다. 깨진 줄도 몰랐다. 언제 깨졌는지도 모른다. 어쩌다가 깨진 건지도 알 수 없었다. 어느 순간 정신을 차리고 보니 깨져있었다.

너무나 아끼던 도자기인데 어떡하지. 그래서 검색해 보았다. 답은 "식기류가 아닌 경우 도자기 전문 에폭시본드를 사용하면 됩니다. 식기류로 사용할 경우 옻으로 붙이는 킨츠키 방식과 금 간 부분에 구멍을 내고 은핀 등으로 고정시키는 리벳팅 기법이 있습니다." 킨츠키는 '금으로 수리한다.'는 뜻으로, 깨지거나 갈라진 도자기의 틈을 옻으로 채우고 금이나 은으로 장식하는 일본 전통 도자기 공예를 일컫는다. 일본인은 깨진 도자기 수리 자체를 예술로 승화시켰다. 너무나 소중한 인연이고 추억이기에 조각을 이어 붙이는 수리를 해서라도 계속 사용하는 길을 선택한 것이다. 깨진 조각을 바라보며 관조할 게 아니라 적극적으로 맞춰보는 작업이 필요한 때다.

중국에서는 오히려 이 빠진 그릇을 복 있다고 하며 잘 쓴다고 한다. 어릴 때 어머니한테 들은 이야기다. 일본인들도 깨진 그릇이나 잔을 킨츠키 기법으로 살려내 잘 쓰는데, 유독 우리나라에서만 깨진 그릇, 이 빠진 그릇을 가차 없이 버린다. 완벽을 추구하는 장인정신인지 효율을 추구하는 실용주의라고 할까. 비슷한 맥락이지만 엉킨 실타래를 푸는 방법이 있을까. 끊어버리면 된다. 간단해 보이지만 어렵기는 매한가지다. 엉켜 있어도 끊어도 어차피 못 쓰는 건 매한가지인데 괜히 미련을 두기 때문이다. 차는 너무 뜨겁지도 차갑지도 않게, 잔에 차를 따르되 넘치지 않게.

넘침은 부족함만 못하다. 오늘도 저녁 시간 성암산 수정사 종소리가 은은하다.

　도자기를 빚고 구워내는 일도, 킨츠키를 배우고 익히는 일도, 엉킨 실타래를 푸는 것도 끊는 것도 쉽지 않은 일이다. 선택은 각자의 몫, 자기 인생이다. 각. 자. 도. 생. 홀로 그리고 함께. 오늘날 부산역 앞에는 '삼진어묵'이 있다. 부산역에 내려 정녕 갈 데가 없다면 삼진어묵 가게를 찾아가 보자. 부산의 맛, 인생의 맛을 먹고 보자. 다 먹고 살자고 하는 일. 부산에 가면 다시 나를 볼 수 있을까. 자신을 되찾을 수 있을까. 나와 너를 찾고 싶은 사람들은 가자~ 부산으로! (2023년)

부산의 옛 포구

: 바닷바람 솔향기 흩날리는 해운포 수영海雲浦 水營

부산 사람들은 해안에 포구와 항구, 해수욕장과 백사장을 품은 바다와 함께 산다. 친정에 와서 해운대 경동마리나 거실 창밖을 내다보면 바로 앞에 정박해 있는 요트들과 광안대교, 마린시티 고층 빌딩숲, 저 멀리 동백섬을 거느리고 푸른 바다가 펼쳐져 있다. 야경도 멋지다. 새벽에는 어머니와 동백섬에 가서 체조와 걷기를 한다. 마린시티 가득히 우뚝 솟은 주상복합아파트 건물들 머리 위에 뭉게뭉게 구름이 피어오를 때면 '선계仙界'를 감싸는 '해운海雲'을 보는 듯하다. 1988년에는 수영만 요트경기장에서 서울올림픽 요트경기 개·폐회식을 구경했다. 여름이면 가족이 광안리, 해운대, 송정해수욕장에 해수욕을 다녔다. 파라솔 아래서 챙겨간 음식을 먹거나 찾아오는 망개떡을 사 먹었던 우리는 이제 홀가분하게 빈손으로 바닷가를 거닐다가 휴대전화로 피자와 치킨을 주문해 먹는다. 바다는 생활의 터전이자 변화의 공간이고 기억의 장소다.

내게 '부산 해안의 포구와 항구'라고 하면 먼저 '수영동'이 떠오른다. '수영'은 이화여대 진학을 위해 부산을 떠나기 직전까지 내 유년과 학창 시절 삶의 터전이었다. '수영초등학교'를 비롯해 내 일상에서 수없이 호명되는 이름 대부분에는 '수영' 글자가 들어가 있다. 지명 수영구 수영동이 대표적이다. '수영'은 조선시대 동래부 남촌 '해운포'에 설치했던 '경상좌수영'에서 유래한 이름이다. 조선시대 '해운포'는 해운대부터 수영강 하구 일대를 아울렀다.

광안리해수욕장

광안리해수욕장 해변길

　지금의 센텀시티, 마린시티, 수영만 요트경기장 일대를 포함하는 영역이다. 놀랍게도 수영만 요트경기장, 경동마리나, 대우마리나, 경남마리나, 선프라자(현재 부산여성문학인협회 보금자리), 마린시티는 수영만을 매립해서 만든 단지로 원래 바다였다.
　수영초등학교(재학 당시 수영국민학교)를 졸업하고는 멀리 해운대여중으로 배정되었다. 수영 집에서 학교까지 버스로 통학하던 시절 '옛 수영교' 건너면서부터 왼쪽은 수영비행장이었다. 수영비행장은 1940년 일제 치하 전시동원체제시기 수영강 하구에 쌓인 모래톱 벌판에 만든 군용비행장이었다. 지금의 센텀시티는 옛 수영비행장 자리에 세워진 아파트단지. 버스 타고 학교 가던 길 도로 오른쪽으로 나란히 철길이 놓여있었고 그 바로 옆에 잔잔한 바다가 펼쳐져 있었다. 날씨가 좋지 않을 때면 사나운 파도가 휘몰아쳤는데 버스 안에서 그 적나라한 광경을 볼 수 있었다. 지금 그 철길(옛 동해남부선)은 철거되어 약간 높은 둔덕 또는 둑의 흔적으로 남았고, 철길 너머 바다는 매립되어 해운대로 일부, 해운대해변로, 동백역, 대규모 아파트단지들로 변모했다. 지금은 우동항, 운촌항 이름만이 이곳이 바닷가 마을이었음을 보여주고 있다.

조선시대 남해안 방어를 위해 '동래부 해운포'에 경상좌수영이 설치되었다. '경상좌수영'은 수도 한양에서 남쪽을 바라보았을 때 경상도 왼쪽(동쪽)에 설치한 수영(水營, 조선시대 해군기지)이다. 어릴 때 살았던 수영동 집에서 조금만 걸어가면 '수영사적공원'(옛 명칭은 수영공원)이 있다. '경상좌수영성지慶尙左水營城址'는

수영강 하구와 해운대 바다가 만나는 옛 해운포 : 수영동에서 해운대쪽으로 바라본 '수영교'와 아파트단지

조선의 바다를 지켰던 '경상좌수영(경상좌도수군절도사영)' 유적지로 조선시대 경상좌도 수군의 총사령관인 수군절도사가 지휘하는 진영(군영)이 있었던 성터다.

　어린 시절 더운 여름이면 뒷동산인 수영사적공원에 올라가서 시원한 솔숲 그늘 아래 돗자리 깔고 소꿉놀이를 하거나 '수영야류(들놀음)' 연습이나 공연을 보며 놀았던 기억이 난다. '사자'가 펄쩍펄쩍 뛰어다니고 커다랗고 시커멓고 울퉁불퉁한 얼굴에 큰 입을 가진 '말뚝이'가 호령하던 모습이 눈에 선하다. 공원에는 '안용복 충혼탑', '25 의용단', '당집'도 있다. 한글 안내문을 읽으며 잠시나마 경건한 마음으로 호국영령을 모신 신성한 공간을 돌아보기도 했다. 어릴 때 뛰놀던 그곳은 그 자체로 민족정신이 깃

수영사적공원 안 푸조나무

수영사적공원 임진왜란 때 침략한 왜군에 끝까지 저항하다 전사한 25명 수군과 의병

든 문화공간이자 역사공간이며 놀이공원이었다.

그때는 공원 성곽 주변 허물어져 가는 언덕과 돌무더기 사이로 주민들이 일구어놓은 밭들이 층층이 흩어져있었다. 얼마 전 수십 년 만에 그곳을 찾아가 보았다. 지금은 사적지로 지정되어 놀랄 만큼 깔끔하게 정비되어 있었다. 수영사적공원 바로 아래 한쪽 길가에는 성곽 일부를 복원하고 성을 지키는 조선 수군 인형들을 배치해 놓았다. 임진왜란 때 우리 수군과 의병 25인은 바다와 육지에서 유격전을 펼치며 끝까지 왜군에게 저항하다 모두 전사했다. 이 공간은 이분들을 추모하고 표상하기 위해 새롭게 조성한 공간이었다.

안용복은 동래 출신 민간인 어부로 일본인들로부터 울릉도, 독도를 포함해 조선의 강역을 지켜낸 영웅이다. 조선시대 동래부는 지금의 부산 시내이니 안용복은 부산 출신이다. 수영에서 노꾼으로 복무했던 수군(해군) 출신으로 초량왜관을 드나들며 일본어를 배웠다. 안용복은 동료들과 울릉도에서 고기잡이하다가 일본 어부들에 의해 일본으로 납치되었다. 그 와중에도 막부(정부) 관리와 교섭해 울릉도와 인근 바다가 조선의 강역임을 확인하는 문서를 받아낼 수 있었던 비결은 명확한 영토의식과 유창한 일본어 구사 능력이었다. 수영사적공원에는 기존에 있던 '안용복 충혼탑'에 더하여 '우리 강역을 지켜내다'는 뜻을 지닌 '수강사守疆祠' 사당이 건립되어 울릉도와 독도를 지켜낸 안용복의 업적을 기리고 있다.

   경상좌수영성지에서 가장 눈에 띄는 문화재는 수영성의 '남문'과 남문 양옆에 석상으로 세워둔 두 마리 '박견狛犬'이다. 큼직

수영사적공원 안용복상

수영사적공원 경상좌수영성지 남문과 박견, 하마비

 큼직한 바윗돌을 다듬어 만든 홍예문(아치형 무지개 모양 문) 남문이 오랜 세월 풍파를 이겨내고 늠름하게 서있다. 석문 양쪽에는 돌로 만든 개로 보이는 '박견'이 지키고 있다. 장난꾸러기 아이들은 석상 등에 올라타고 잘도 놀았지만 소심한 나는 차마 그러지 못했다. 경복궁 광화문 양옆 두 마리 '해태' 석상이 관악산의 화기火氣를 누르기 위해 배치한 '물을 상징하는 상상의 동물'이듯, 경상좌수영성지 남문 앞 '박견' 석상은 상상의 동물로 수영성을 지키고 나아가 우리 땅과 바다를 수호하는 신령한 존재로 여겨졌다. 남문 앞에는 수령 외에는 말에서 내려 걸어서 들어올 것을 요구하는 '하마비下馬碑'가 서 있다.
 '수영사적공원 경상좌수영성지'에서 커다란 아치 돌문 남문을 나서는 순간 완전히 다른 세상이 펼쳐진다. 속세다. 시끌시끌 북적거리는 시장이 나타난다. '경상좌수영장'에서 유래된 '수영팔도시장'이다. 어릴 때는 수영시장이라고 불렀다. 어린 시절 우리 가족의 특식은 수영팔도시장에서 사 온 튀긴 통닭이었다. 특별한 날이면 수영팔도시장에서 사 온 통닭 2마리를 앞에 두고 옹기종기 둘러앉았다. 옛날식으로 약봉지 접듯이 동봉된 '까무잡잡한 후추와 깨소금 섞인 그 소금'이 어찌나 고소한지. 수영시장하면 아버지 따라 통닭집에 가서 통닭 튀겨지기를 기다리던 시간, 어머니 따라 참기름가게, 어묵가게를 누비던 장면이 떠오른다. 여름이면 수박을 반통으로 잘라 그릇으로 삼고 숟가락으로 조각낸 수박에 사이다 조금, 얼음 동동 화채를 만들어 먹었다. 숟가락들은 수박그릇 안을 휘저으며 먹음직스러운 수박을 입으로 실어 나르기 바빴고 순식간에 하얀 바닥이 드러났다.

수영 집에서 수영팔도시장 가는 길에는 '수영교회'가 있다. 동생과 어린이 예배에 나가 처음으로 찬송가를 배웠고 크리스마스를 알게 되었다. 어머니로부터 성탄절 선물로 『석가모니』책을 받았다. 예수 탄신일에 석가모니 부처의 전기를 선물하다니. 의아해하면서도 재미있어서 여러 번 읽었던 기억이 난다. 기독교계 학교에서 역사를 전공하며 전국으로 다녔던 전통문화유산 답사지 대부분이 사찰이었으니. 지금 통도사 영축문학회와 전국문학인꽃축제 일을 하고 있는 것도 이때의 인연이 이어졌나 보다. 수영팔도시장을 지나 '수영교차로'(일명 수영로터리)에서 해운대

옛 해운포 경상좌수영성지, 수영강 하구와 해운대 바다, 수영만 매립지

방향 큰 도로로 나오면 버스정류장이 있고 그 앞에 서점이 있었다. 때로 아버지는 서점에 들러 빽빽한 글씨로 가득한 월간『조선』을 사보셨다.

여기서 조금만 더 가면 드디어 수영강 하구와 해운대 바다가 만나는 지점에 이른다. 옛 '수영교'는 '해운포' 수영강 양안의 수영동과 해운대를 이어주는 유일한 다리였다. 중학교 3년간 매일 이 다리를 지나다녔다. 부산 해안에는 다양한 포구와 항구, 이야기들이 있지만 가장 인상적인 장소는, 우리 땅과 바다를 지키던 '해운포 경상좌수영지'가 있는 우리 집 뒷동산 '수영사적공원'이다. 수영사적공원에 있는 경상좌수영지는 해운포가 내려다보이는 약간 높은 언덕에 구축된 조선시대 수군기지였다.

조선의 남해안 방어선은, 이순신 삼도수군통제사의 명량해전 승전 전적지 진도 울돌목 바다에 연해 있는 해남 전라우수영, 이순신이 머물렀던 여수 전라좌수영과 통영 한산도 삼도수군통제영, 거제도 경상우수영에서 경상좌수영지 '부산시 수영구 수영동 수영사적공원'으로 이어진다. 이들이 삼도수군통제영 휘하 수영(해군기지)들이었다. 조선시대 한반도 남해안 동쪽 동래부 '해운포' 언덕에는 '경상좌수영'이 있었다. 부산 해운대 바다와 수영강, 수영사적공원, 수영팔도시장, 수영만 요트경기장에는 내 유년의 추억이 뛰놀고 있다. 이번 글감 덕분에 '해운포' 언덕에 자리한 '경상좌수영성'과 성 밖 평지에서 열렸던 '좌수영장(시장)'을 복원해 낼 수 있어서 뿌듯하다. 글감은 마른 땅에 단비로 내려앉아 풋풋한 추억으로 새록새록 돋아난다.

(2024년 매미 소리 쩌렁쩌렁한 여름 한가운데서)

부산 출신 여성인물

: 박차정, 여성해방과 민족독립을 위한 행진

1. 동래 일신여학교 문학소녀, 박차정

박차정(朴次貞, 1910.5.7.~1944.5.27.)은 부산 출신으로 동래 일신여학교(日新女學校 고등과, 1925~1929.3.9.)를 졸업했다. 근우회 사건 또는 서울여학생만세운동 주모자로 체포되어 수감 중 중국으로 탈출해 베이징 화베이대학華北大學을 다녔다. 본적은 경남 동래군 동래읍 복천동福泉洞 405. 아버지 밀양 박씨 용한과 어머니 김해 김씨 맹련 사이에서 3남 2녀(오빠 박문희, 박문호, 언니 박수정, 박차정, 남동생 박문하) 가운데 넷째로 태어났다.

동래 일신여학교 졸업반(4학년) 때 교지『일신』2(1928)에 시 「개구리 소래」, 수필 「秋の朝(가을아침)」을 발표할 만큼 감수성이 풍부한 문학소녀였다.

　박차정이 중국에서 독립운동할 때 가명으로 박철애, 임철애林哲愛, 임철산林哲山이라는 이름을 썼다. 가명은 밀정의 염탐과 일경의 체포 위협에 대비해 발각되지 않고 독립운동을 지속적으로 수행하기 위해 신분을 위장하는 방법으로 많이 활용되었다. "철애"라는 이름은 교지에 실린 소설 「철야徹夜」(지은이 BG, 『일신』2, 1928)에 등장하는 여주인공(독립투사의 딸)의 이름과 같다. 소설 속 주인공 이름을 따서 자신의 가명을 지었던 것으로 보인다.[1]

　남동생 박문하는 동래에 민중병원을 개업한 외과 의사이자, 제4대 부산문인협회 회장을 지낸 문인이었다.[2] 누나 박차정에 대한 기억을 떠올려 수필집『낙서인생』을 저술했다.

　박차정의 집안은 원래 기독교 집안이었다. 어머니 김맹련은 동래성결교회 교인이었고, 큰오빠 박문희는 성결교회 전도사로 활

---

[1] 박태일은 논문에서 소설 「철야(徹夜)」가 박차정의 작품이라고 주장했다. 그러나 지은이가 BG라는 단서만으로 박차정의 작품이라고 간주하기에는 무리가 있다고 본다. 이 글에는 고아가 된 가난한 남매를 통해 일제 하 민족의 고난과 가난을 직시하는 날카로운 시대인식, 고민하며 밤을 지새우고 다시 새벽을 맞이하는 강인한 의지와 투철한 정신력이 드러나 있다.

[2] 대표 작품으로『배꼽 없는 여인』·『인생 쌍화탕』·『약손』·『낙서 인생』등 4권의 수필집이 있으며, 2008년 부산문인협회에서『우하 박문하 전집』을 펴냈다.

동한 적이 있으며, 박차정 본인도 호주 장로교 선교회가 경영하는 일신여학교에 다녔다. 이런 전력만 보면 박차정과 박문희가 기독교 계열에서 활동했을 것 같지만, 기독교의 영향은 얼마 가지 못했다. 이들 남매는 사회주의 사상에 영향을 받아 사회주의자가 되었고 사회주의 계열에서 활동하며 독립운동을 했다. 기독교계에서 사회주의 계열로의 전환에는 외가의 영향이 컸다.

2. 사회주의 계열 집안 인맥: 청년운동, 사회운동, 사회주의 사상으로

어머니 김맹련은 동래군 기장면 출신으로, 김두봉과는 4촌이고, 김두전(일명 김약수, 김두희)과는 6촌이다. 약수 김두전은 훗날 박차정의 남편이 되는 약산 김원봉(1898~1958)과 의형제를 맺었는데 호를 나란히 약수, 약산으로 할 정도로 각별한 사이였다. 백연 김두봉 역시 사회주의 계열 독립운동 동지로 연락책을 담당했을 정도로 김원봉과 밀접한 관계였다. 고종사촌 박일형朴日馨(일명 박공표朴孔杓)은 기장면 3·1운동 주도자이자 동래청년동맹 집행위원장으로 동래지역 청년운동과 사회운동을 주도했다.[3] 오빠 박문희, 박문호 모두 동래청년동맹에서 활동했고, 박문희는 동래청년동맹 집행위원을 역임했다. 박차정도 일신여학교 졸업 후 박일형의 권유를 받고 동래청년동맹에 가입하여 집행위원으로 활동했다. 사회주의 계열의 인사들과 교제하고 관련 서적을 읽으며 사회주의 독립운동에 깊은 관심을 가지게 되었다. 오빠인 박문희, 박문호, 친척인 박일형, 김두봉, 김두전 모두 사회주의 계열의 활동가이자 독립운동가였다. 그러다 보니 성장 과정에서 사회주의 사상을 가진 집안 인물들의 영향을 많이 받았고 사회운동·독립운동에 열성적이었다.

박문희, 박문호, 박차정 남매와 김두봉 모두 김원봉과 함께 독립운동을 했다. 박문호, 박문희가 중국에 망명했을 때도 먼저 상하이[上海]에서 외가 친척인 김두봉을 만난 뒤 김두봉의 소개로 베이징에 있는 김원봉을 찾아가 독립운동에 뛰어들었다. 베이징에서 박문호와 김원봉이 함께 독립운동을 하고 있을 때 박차정이 합류하게 되었고, 이후 난징에서 박문희도 합류했다.

오빠 박문희와 박문호, 고종사촌 박일형은 모두 동래청년동맹, 신간회 동래지회에서 활동했다. 특히 박문희는 신간회 중앙집행위원회 상무위원으로 활동하며 활동무대를 서울로 넓혔다. 이 영

---

3 1928년 5월 동래청년동맹 집행위원, 8월 동래노동조합 정치문화부 간사, 1929년 1월 신간회 동래지회 사무재정부 간사, 1929년 4월 동래청년동맹 집행위원장으로 선출되었다. 박일형의 장인 김형기도 학창 시절 학생 대표로서 3.1운동을 주도했으며, 사회주의 계열의 인물이다.

향인지 박차정 역시 동래청년동맹, 동래노동조합, 신간회 동래지회, 근우회槿友會 동래지회에서 활동하다가 1929년 7월 근우회 중앙집행위원회 상무위원으로 선임되어 서울로 진출했다.

1929년 10월 말, 박차정은 김원봉, 박문호와 함께 조선공산당재건준비위원회(조선공산당재건동맹 중앙위원회) 위원(7인 위원 가운데 한 사람)으로 선임되었다. 이 조직은 베이징에 있었고, 박차정은 국내에서 근우회 활동을 하던 때로 아직 중국 망명 전이었다. 어떻게 된 일일까. 당시 작은 오빠 박문호는 베이징에서 의열단(단장 김원봉)에 가입해 조선공산당재건동맹 북평(북경)지부 선전부 책임자로 있었다. 이 시기 이미 김원봉은 출신과 신원, 사상이 확실하고 또 근우회 본부 중앙집행위원회 상무위원(7월)으로 중앙무대에 진출해 여성운동계의 핵심 세력으로 활동하던 박차정을 눈여겨보았을 가능성이 크다.

3. 근우회 중앙집행위원으로, 허정숙과 함께 서울여학생만세운동 지도

1929년 3월 박차정은 일신여학교를 졸업하고, 이해 7월 근우회 제2회 전국대회에 근우회 동래지부 대의원 자격으로 참석해 근우회 중앙집행위원회 위원으로 선출되었다. 이어 출판 및 선전 조직을 담당하는 상무집행위원으로 선임되었고, 지회와 도연합회 규칙·세칙 제정위원으로도 선임되었다. 또한 선전부장·조사(연구)부장·출판부원(부장 허정숙)으로 활동하며 선전과 출판을 담당했다. 박차정은 동래에서 활동하던 일개 지역 활동가에서 일약 근우회 본부의 핵심 세력으로 부상했다.4

박차정은 서울로 올라와 근우회 본부 사무실(당시 종로 공평동 43번지 근우회 회관)에서 자취를 시작했고 근우회가 지급하는 소정의 월급으로 생활하며 근우회 활동에 전념했다. 당시 근우회는 정종명, 정칠성이 차례로 중앙집행위원장을 역임하며 사회주의 계열이 핵심 세력을 형성하고 있었다. 사회주의·공산주의 계열 활동가로 유명한 허정숙(본명 허정자, 일명 정문주鄭文珠)도 이때 알게 되었다.

한편, 큰오빠 박문희는 신간회 중앙집행위원 상무위원으로 1929년 11월 광주학생항일운동이 발생하자 이를 지원하고 전국적으로 확산시키는 활동을 하다가 12월 체포되어 종로경찰서에 수감되었다. 이 시기 박차정은 근우회 본부 활동을 위해 서울(당

---

4 근우회 중앙집행위원장은 대구 출신의 정칠성이었다. 이 시기 지방 출신 상당수가 중앙에 진출하여 근우회 핵심 세력을 구성하고 있었다. 그렇다 하더라도 박차정은 중앙의 여성운동계 입장에서 전혀 새로운 인물의 등장이었다.

시 경성京城)에 머무르며 오빠 박문희의 투옥과 광주학생항일운동을 지지하는 서울학생만세시위를 가까이에서 지켜보았다. 항일 분위기와 움직임을 온몸으로 체험하며 무엇을 어떻게 해야 할지 고민했을 것이다.[5]

당시 한국인들은 전남 광주光州에서 발발한 일본인과 한국인 중학생의 충돌 및 광주학생항일운동을 일본인 중학생이 한국인 여학생을 희롱한 데서 발단한 것이며 사건을 처리하는 과정에서 경찰과 사법 당국이 한국인만을 다수 구금하여 민족차별대우를 명백하게 드러낸 사건이라고 인식했다. 이러한 분위기가 확산되면서 1929년 12월 9일 서울의 경신학교, 보성학교, 중앙고보, 남대문상업학교 등에서 민족차별대우에 항의하고 광주학생항일운동을 지지하는 학생만세시위가 일어났다. 이때 여학생들은 연락이 닿지 않았는지 참여하지 않았다.

12월 9일은 근우회 본부에서 집행위원회가 열리는 날이어서 중앙과 지회 회원들이 사무실에 모였다. 근우회 회관으로 오는 길에 종로 네거리에서 남학생이 구인당하는 상황을 목격한 이들도 있었다. 십수 명이 모인 가운데 "오늘날 학생들이 이와 같이 떠들썩하니 어떤 결과가 생길 것이라든가, 또 광주사건의 발단은

---

[5] 1930년 1월 15일 서울여학생만세운동 당시, 허정숙의 아버지 허헌 역시 구속 상태였다.

여자에게 있는데 남학생들이 이렇게 동정하는 것을 여학생이 조금도 움직이지 않은 것은 이해할 수 없다, 여성운동으로 자부하는 근우회로서 이때 움직이지 않으면 심한 욕설을 덮어쓸 것이다, 근우회는 이번 경우 냉정하게 사건의 추이를 방관하는 것이 유리한 계책이다, 오늘의 상황을 보면 남학생은 매우 격앙하고 있으나 이에 반하여 여학생은 극히 평온하니 … 광주학생사건의 발단은 여학생에게 있는데 남학생이 이 정도까지 시위하고 있음에도 여학생이 편안한 사정이 될 수 없다. 우리들은 여학생이 분기하도록 도모하지 않으면 안 된다." 등 가지각색의 논의가 있었다. 박차정, 허정숙 등은 학생만세운동에 여학생을 참여시킬 방법을 강구하기 위하여 그날 밤 허정숙의 집에서 회합하기로 약속했다.[6]

박차정과 허정숙은 "여학생들이 배알도 없고 무기력"하다고 통감하며, 이 기회에 서울의 각 여학교가 일제히 만세시위를 일으키도록 적극적으로 지도하자고 의견을 모았다. "대중적 위력

---

[6] 허정숙은 거사를 도모하기 전에 전 집행위원장 정종명의 집, 현 집행위원장 정칠성의 집에 찾아가서 거사 의향을 타진했으나 모두 거절당했다. 이 과정에서 허정숙은 서울 시내 각 여학교 학생들을 지도하여 일제히 만세시위를 일으키려면 스스로 희생을 각오해야 한다는 현실을 깨닫게 되었다. 게다가 그날 밤 오기로 했던 한신광은 결국 참석하지 않았으며, 박차정은 여성운동 및 사회운동계에 잘 알려져 있지 않아 서울 시내 중등학교 여학생들이 믿고 따르기에는 명성이나 힘이 부족했다.

으로써 민족적 항의의 태도를 보이면 관헌도 두려워서 구속학생을 석방할 것이고, 불행히 석방의 목적을 달성하지 못한다 하더라도 민족적 울분을 씻기에는 충분하다."는 명분을 내세웠다.

박차정은 당시 이화여자고등보통학교(이하 이화여고보) 4학년생 최복순에게, 허정숙은 숙명여자고등보통학교(이하 숙명여고보) 3학년생 구무선(具茂善, 21세, 본적 경남 통영)에게 연락해 경성공립여자고등보통학교(이하 경성여고보) 4학년생 김영수(金英秀, 일명 金辛福), 경성여자상업학교 3학년생 송계월(宋桂月), 동덕여학교 4년생 안갑남(安甲男), 정신여학교 4학년생 등을 허정숙의 집(당시 광화문통 125)으로 소집했다. 박차정은 정동 이화여고보에 직접 찾아가서 최복순을 만났는데, 한 살 아래의 최복순이 동래 일신여학교 출신으로 학창 시절 같이 통학하며 친한 사이였기에 연락을 취한 것이었다.

박차정, 허정숙과 5개 여학교 학생들은 이날(9일) 저녁, 광화문 근처에 있는 허정숙의 집에서 모임을 가졌다. 박차정과 허정숙은 각 학교의 분위기가 경성여고보를 제외하고 바로 만세시위에 나설 수 있는 상태라는 것을 확인하고, 여학생들이 바로 다음날(10일) 만세시위를 일으키도록 제안, 권유했다. 여학생들이 해보겠다고 동의했다. 이에 시위 방법으로

1. 구금된 광주사건 학생 전부를 무조건 석방하라.
1. 경찰권의 침입을 방지하고 학원의 독립을 기하라.

의 2개 항을 진정서 형식으로 제출하는 한편, 이 두 가지 사항을 모두로 만세를 고창하고 해산하라고 지시했다. 시위 행렬에 대한 지시는 하지 않았는데, 경찰관의 포위로 불가능하다고 예상했기 때문이다.

허정숙은 경성여고보생 김영수에게 비웃는 말투로 경성여고보 학생들을 흉보며 "허허, 시험을 잘 치고 있구나. 귀교의 학생은 광주나 서울에서 다수의 남학생이 줄곧 감금되고 있는데 잘도 편안하게 공부를 하는구나. 과연 오늘 학교에 가보니 열심히 공부하고 있는 것 같았다. 다수의 남학생과 다른 여학교에서 동요하고 있는데 여고보만 편안히 있으면 사회적으로 크게 공격을 받고, 여고보생은 일본인이 되어 버렸다고 욕을 할 것인데, 그래도 가만히 있을 것인가. 그래서는 안 될 것이니 내일이라도 시위 맹휴를 단행하라"고 적극적으로 권유했다. 이는 여학생만세시위가 필요한 이유이자 여학생도 학생항일운동에 동참해야 하는 이유이기도 했다.

박차정과 허정숙이 지시한 대로, 다음날(10일) 숙명여고보, 동덕여학교, 경성여자상업학교에서 만세시위가 일어났다. 그러나 경성여고보 학생들은 김영수의 열성적인 선동에 다소 동요했지만 통일된 만세시위를 일으키지는 못했다. 이화여고보에서는 아침 일찍 학교 당국이 선수를 쳐서 갑자기 겨울방학(동계휴가)을 실시하여 학생들이 모일 수 있는 기회를 차단당했기에 만세시위를 일으키지 못했다. 서울여학생만세시위가 일어나자 대부분의 여학교에서는 12월 11일을 전후하여 한 달 동안 겨울방학을 선포하고 잠시 수업을 중단하는 조처를 취했다.

박차정과 허정숙은 여학생들이 동계 휴가로 흩어져 각자 집에 머무르는 바람에 소기의 목적을 달성하지 못하게 되자 3학기 개학을 기다렸다가 서울 시내의 모든 여학교에서 만세시위를 일으키도록 하는 계획을 세우고 의논했다. 그리고 3학기 개학 후 1930년 1월 10일경 저녁에 이화여고보 학생 최복순이 동급생 김진현, 최윤숙을 데리고 허정숙의 집을 방문했다. 경찰과 검사심문조서에는 마침 그때 박차정도 허정숙의 집에 와있었다고 진술되어 있지만, 실제로는 박차정이 최복순에게 연락하여 허정숙의 집에서 회합하기로 했던 것으로 생각된다. 최복순은 지난 2학기에는 만세시위를 일으키는데 실패했으나 현재 이화여고보 학생들 사이에서는 만세시위를 하자는 분위기가 넘쳐나고 있다고 상황을 보고했다. 이에 박차정과 허정숙은 서울 시내 각 여학교가 일제히 만세운동을 일으키면 이화여고보 학생들만의 만세시위에 비하여 훨씬 의의가 있을 것이라고 강조하며 1월 15일을 기하여 각 여학교 학생들이 일제히 거사하도록 설득했다. 각 여학교 학생의 연락처, 연락 방법 등을 알려주며, 시내 각 여학교 학생들이 봉기하여 진정서를 제출하고 만세를 부르고 해산하라고 지시했다. 시위 행렬을 만들라는 지시는 하지 않았는데 경찰의 포위로 시도 자체가 불가능할 거라고 예상했기 때문이다.

1930년 1월 15일, 이화여고보를 비롯하여 서울 시내 13개 여학교 1,800여명 학생들이 일제히 만세시위를 일으켰다. 이른바 '1930년 서울여학생만세운동(일명 근우회 사건)'이었다.[7] 허정숙과 박차정은 각자 만세시위를 준비하고 있던 여학생들로 하여금 같은 날 일제히 만세시위를 일으키도록 지도하여, 서울여학생만세운동에 불을 붙인 기폭제 역할을 했다. 서울여학생만세운동의 핵심이자 추진력이었던 이화여고보 최복순을 교섭하고 인도하여 허정숙 및 다른 여학교 학생들에게 연결해 준 이가 바로 박차정이었다.[8]

---

[7] 100여명이 경찰에 체포되어 조사를 받았고, 이 가운데 89명이 검찰국에 송치되어 검사의 조사를 받았으며, 이 가운데 허정숙, 최복순을 포함하여 8명이 재판에 넘겨져 형을 선고받았다. 박차정은 경찰 조사 과정에서 중국으로 탈출했기에 기소중지 되었다.

[8] 최복순은 경찰과 검사의 신문에 허정숙과 박차정의 역할을 소극적으로 진술하고 자신의 자발성을 부각하여 이들을 보호하고자 했다.

4. 중국 베이징으로 탈출, 김원봉의 동지로 또 배우자로!

근우회 중앙집행위원회 상무위원 겸 조사연구부장이었던 박차정은 서울여학생만세운동의 배후세력으로 지목되어 서대문경찰서에 구속되었다. 경찰서 유치장에 구속되어 있던 중 병(신장염)으로 일시 석방되어 고향 동래로 내려갔으나, 1930년 2월 8일 동래에서 다시 검거되어 서울 서대문경찰서로 압송되었다. 평소 건강상태가 좋지 못했던 데다 경찰의 극심한 취조로 인하여 건강이 극도로 악화되었다.[9]

이때 어머니 김맹련이 베이징에 있던 박문호에게 편지를 보냈는데, 이를 계기로 박문호는 동생 박차정의 중국 망명을 모색했던 것으로 보인다. 큰 오빠 박문희와 작은 오빠 박문호가 박차정의 탈출을 위해 적극 나섰다. 박문희는 신간회 중앙집행위원으로 광주학생운동의 확산을 위하여 전국 강연을 다닌 일로 투옥(12월)되었다가 풀려나 서울에 머물고 있었다. 박문호는 1928년 중국 상하이로 망명했고, 외당숙 김두봉의 소개로 베이징(북경北京)에서 김원봉을 만나 의열단에 가입했으며, 1930년 2월 즈음에는 베이징 화베이대학에서 수학하며 조선공산당재건동맹 북평(현 베이

---

[9] 2월 9, 12, 13일 경찰이 작성한 박차정 신문조서가 남아있다.

징)지부 선전부 책임자로 활동하고 있었다.

박문희는 신간회 동지 김항규를 박차정의 출감 보증인으로 내세우고 신장염을 이유로 박차정의 병보석을 신청했다. 1930년 2월 15일 박차정은 가석방되어 서대문경찰서 유치장에서 풀려났다. 박문희가 기거하고 있던 덕흥여관(서울 종로구 통의동 120)으로 주거를 한정하고 박문희가 신변보호자로서 책임을 지는 조건이었다. 박차정은 박문희의 간호를 받으며 신병을 치료했다. 그동안 베이징에 있던 박문호는 박차정의 중국 망명을 기획하고 밀사를 파견해 박차정에게 탈출 계획을 알리고 실행하도록 했다. 박차정이 가석방되고 1주일 뒤인 2월 22일, 상하이 유학생이 박차정을 찾아와 박문호의 편지를 전했고, 같은 날 대구 출신 의열단원 정준석鄭俊碩이 찾아와 필담을 나누었다. 중국 망명을 권유하며 탈출 자금과 구체적인 방법을 전달한 것이었다. 같은 날 저녁 박문희가 외출하고 자리를 비운 사이, 박차정은 여관을 빠져나와 기다리고 있던 의열단원 정준석을 따라 서울역에서 야간열차를 타고 인천으로 가서 바로 중국행 정기선에 올랐다. 박문희는 이미 박차정의 중국 망명 계획을 알고 이후의 사태에 대비했다. 박차정의 신변보호자인 자신과 출감보증인 김항규가 일경으로부터 책임 추궁을 당하지 않도록 저녁 8~11시 동안 외출하여 알리바이를 만들었다. 박차정이 인천을 떠나 중국에 안전하게 도착할 때까지 시간을 끌며 밤새 기다렸다가, 다음날인 23일 아침이 되어서야 서대문경찰서에 박차정이 없어졌다고 신고했다. 외출하고 밤중에 돌아와 보니 박차정이 없었고 돌아올 줄 알고 아침까지 기다렸으나 귀가하지 않아 자진 신고하게 되었다고 진술했다. 이외에 박차정이 무사히 탈출할 수 있었던 요인으로 일본경찰이 박문호의 거주지를 상하이(북망지로北望志路)로 파악하고 있었던 까닭에 베이징으로의 탈출 경로를 예상하지 못했던 점도 있다. 박차정의 탈출 소식과 검거 지령을 국내 각지와 도쿄, 상하이에 보냈지만 정작 베이징에는 보내지 않았던 것이다.

박차정은 베이징에 도착하여 오빠 박문호와 상봉했다. 박차정의 중국 망명은 어머니와 두 오빠, 김항규, 정준석 포함 의열단 조직이 동원되어 치밀하게 기획된 작전이었다. 베이징에서 박차정은 박문호가 그랬듯이 화베이대학에 진학하는 한편 김원봉을 만나 독립운동에 투신했다. 김원봉은 의열단 의백(단장)으로 당대 국내외 항일운동 청년들에게 우상과 같은 존재였다. 박차정은 의열단에 가입해 단원으로 활동하는 한편, 조선공산당재건동맹 중앙위원으로서 레닌주의정치학교(1930.4~1931.2) 운영에 참여했다.

중국 망명 1년 뒤인 1931년 3월 박차정은 김원봉과 결혼했다. 12살 차이였다. 이들은 박차정이 1944년 충칭에서 사망하기까지

15년간 부부 독립투사이자 혁명동지로서 항일 역정을 함께 헤쳐 나갔다. 자녀는 없었다.

5. 조선혁명간부학교 여자부 교관

박차정과 김원봉은 1932년 베이징에서 난징으로 거주지를 옮겼다. 중국 국민당 정부의 자금 지원으로 난징 인근에 '조선혁명간부학교'를 세워 독립투사를 양성하기 위해서였다. 박차정은 김원봉을 도와 조선혁명간부학교의 개교를 준비했고, 10월 개교 후에는 여자부 교관으로 교양교육과 훈련을 담당했다.[10] 조선혁명간부학교는 엄밀하게 말하면 '중국 국민당 정부 군사위원회 간부훈련반 제6대'였다. 국민당 군사위원회 간부훈련반(일명 남경군관학교) 제1대에서 제5대까지는 중국인, 제6대(조선혁명간부학교)는 한국인 청년으로 조직되었다. 조선혁명간부학교의 교관(준교관 포함)은 한국인 21명, 중국인 3명(군인)이었다. 비밀엄수를 위해 반원을 전부 같은 곳에 수용했고, 교관은 전부 김원봉의 집에 합숙했다. '광야' '청포도' '절정'을 지은 시인 '이육사'[본명 이

---

[10] 다만, 의열단원으로 활동하다 국내에서 체포된 여성들 가운데 박차정에게 직접 교육받았다고 진술한 이는 없다. 그렇게 들었다는 간접 증언이 남아 있다.

원록李源祿 또는 이원삼李源三, 개명 이활李活]가 의열단 출신의 독립운동가로 '조선혁명간부학교 1기생(1933년 4월 졸업)'이었다.

　난징에서 동지들이 모여 살았기에 박차정의 주위에는 독립운동가의 부인 등 여성들이 적지 않았다. 박차정은 이들과 교제하며 늘 "우리들은 각각 조선독립운동 실현을 위하여 청년투사 양성에 진력하고 있기에 우리 부인들로서는 당연히 남편을 도와 극력 일치단결하여 실현 촉진을 도모하지 않으면 안 된다."고 말했다. 독립운동에의 의지를 굳건히 하고 여성의 단결과 독립운동을 격려했다. 최복동(崔福同, 남편 이명환李銘環이 체조교관)의 경우 박차정과 교제하면서 그 뜻에 동의하여 조선 독립이라는 목적을 향하여 매진할 것을 서약하고 적극적으로 활동하게 되었다고 한다.

6. 동래에서 중국까지 건너간 어머니 김맹련 여사, 딸 박차정과 상봉

　1932년 큰오빠 박문희도 중국으로 건너왔다. 박문희는 1932년 8월 중국 상하이에서 김두봉을 만난 뒤, 난징으로 가서 김원봉과 박차정을 만났다. 김원봉이 조선혁명군사정치간부학교 지원자 선발을 부탁하자 9월 부산으로 돌아와 1기 입교생 다섯 명을 선발했다. 입교생들에게 배표와 여비를 제공하여 상하이로 보냈고, 자신도 10월 말경 난징으로 가서 조선혁명군사정치간부학교에 합류했다. 2기 입교생 모집을 위해 1933년 다시 국내에 건너가서 활동하다가 1934년 1월 체포되어 징역형을 받고 1936년 6월 출소했다.

작은오빠 박문호는 1931년 10월 베이징 일본공사관에서 사회주의자 검거 선풍이 불자 잠시 톈진[천진天津]으로 피신해 지하공작을 하다가 12월 14일 일본영사관 경찰부에 체포되어 징역형을 받고 수감되었다. 1933년 9월 6일 출소한 뒤 고향 동래로 귀향했으나, 한 달 뒤 10월 다시 체포되어 서울로 압송되었다. 서대문형무소에서 받은 가혹한 고문으로 병을 얻어 가석방되었으나 1934년 10월 28세 나이로 세상을 떠났다.

이 와중에 1934년 8월 말~9월 초 어머니 김맹련이 중국에 건너왔다. 김맹련은 두 아들 박문희, 박문호가 모두 국내에 투옥되어 있던 상황에서 왜 중국에 건너왔을까. 수감 중 병보석으로 풀려난 딸 박차정을 탈출시켰던 것처럼 투옥된 아들들의 탈출을 도모하기 위해서였을까. 딸 박차정을 보기 위해서였을까. 어떻든 당시 박차정은 병이 위중하고 만성 상태였던 것으로 보인다. 의열단원 김공신(金公信, 여)은 상하이의 김두봉 집(망지로望志路 212)과 난징의 김원봉 집(창문구蒼門口 64 또는 65, 남경성南京城 내內 신교

新橋의 명양가鳴洋街 호가우원湖家愚園)을 출입하며 독립운동을 하던 의열단원으로 김원봉의 부탁을 받고 수일간 김원봉의 집에 머물며 박차정을 간병했다. 그만큼 박차정의 병세가 악화되었던 것으로 보인다. 중국에 건너온 김맹련은 일단 상하이 김두봉의 집에 머물렀다. 김맹련과 김두봉은 6촌 친척이었고, 김두봉이 박차정의 거처와 근황을 잘 알고 있었기 때문일 것이다.11 의열단원 김공신은 김두봉의 부인 조봉원趙鳳元의 부탁으로 김맹련을 난징 김원봉의 집까지 데려다주었다. 박차정은 어머니를 보자 울면서 기뻐했다고 한다. 이것이 모녀의 마지막 상봉이었을 것이다.

7. 민족혁명당 중앙위원회 부녀부장(주임), 남경조선부인회 창설

1935년 7월 김원봉과 김두봉 주동으로 한국독립당·신한독립당·조선혁명당·대한독립당·의열단의 5당 대표 14명이 난징에 모여 한국민족혁명당(1937년 조선민족혁명당으로 개칭)을 결성했다.

---

11 상하이 김두봉의 집은 의열단의 아지트로 국내나 그 밖의 곳에서 많은 통신이 오가는 집결지였다. 박차정의 동생 등 국내에 있는 가족이 박차정에게 편지를 보낼 때는 일단 이 주소로 보내고, 김두봉의 집을 거쳐 박차정에게 전달되었다. 보안 유지를 위한 방법이었다. 일경의 감시망은 이조차 다 파악하고 있었다.

독립을 목표로 무장투쟁노선을 표방하며 결성된 좌우연합정당이었다. 삼균주의三均主義 표방, 민주공화국 수립, 토지 국유화, 대규모 생산기관의 국유화, 민주적 권리 보장을 강령으로 내세우고, 군사공작·당원훈련·정보수집·자금조달을 수행했다. 민족자주 독립·민주공화국 건설·경제 평등이 핵심 원칙이었다. 박차정은 민족혁명당 부녀부 지도자(부장 또는 주임)로 활동했다. 그러나 결성 1년도 못 되어 독립운동 방략과 사상의 차이, 주도권 다툼으로 분열되어 상당수가 탈당했다. 남성들의 독립운동노선이 분열하는 가운데, 박차정은 민족혁명당 산하에 독립운동을 위한 여성의 단결과 조직이 필요함을 느꼈다.

1936년 7월 16일 박차정과 이성실(李聖實, 이청천의 부인) 등은 '남경조선부인회'를 창립했다. '여성들을 전체 민족해방운동에 편입하고, 해외 조선 부녀의 총단결로 전 민족적 통일전선을 편성'하는 것이 목표였다. "전조선 부녀는 총단결, 민족혁명전선에 무장 참가, 남녀 차별 철폐하자" 등 민족해방운동·여성해방운동의 상호관계와 무장투쟁을 강조하며, 부녀자들의 민족의식을 고취하고 대동단결을 주도했다.

1937년 7월 일본군의 중국 본토 침략으로 중일전쟁이 발발하자, 국민당 정부의 피난 명령에 따라, 11월 24일 민족혁명당원과 가족들은 난징을 떠나 한커우(한구漢口)로 향했다. 이때 박차정 부부, 허정숙 부부, 권기옥(독립운동가, 비행사) 부부가 함께 피난을 떠났다. 박차정과 허정숙은 한커우에 머물며 중국국민협회에 파견되어 무선방송을 통한 선전활동에 주력했다. 일본 라디오방송에 대항하여 '의열단 한중민족연합전선'의 일환으로 전개한 항일운동이었다. 당시 민족혁명당은 한구에 본부를 두고 기관지로 주간「망원경望遠鏡」을 발행했는데, 허정숙, 박차정, 권기옥 등의 활동이 보도되었다.

8. 조선민족전선연맹 기관지「조선민족전선朝鮮民族戰線」에 기고, 선전활동

1937년 12월 조선민족혁명당·조선민족해방동맹·조선청년전위동맹·조선혁명자연맹(일명 조선무정부주의자연맹)이 연합하여 조선민족전선연맹을 결성했다. 국내외 민족혁명가를 총망라하는 민족통일전선을 형성하고 중국 항일전선 참가하며 대일 선전전을 펼치는 것을 목표로 했다. 박차정은 조선민족전선연맹의 기관지「조선민족전선朝鮮民族戰線」의 지면을 통해 선전과 홍보활동에 주력했다. 창간호(1938.4)에 중문中文으로 '경고 일본의 혁명대중 敬告日本的革命大衆'을 기고했다.

일본제국주의는 중국·조선·일본 민중의 적이므로 삼국의 민중이 긴밀하게 연합하여 공동의 적을 타도하고 진정한 동아시아 평화를 건설하기 위한 무장 궐기를 촉구했다. 중일전쟁에서 일본 제국주의는 반드시 멸망할 것이고 동방의 피압박대중들은 해방될 것이라고 전망했다. 이를 위해 일본 혁명대중들이 일본 국내에서 혁명전쟁 일으켜 파쇼 군벌 제거하는 것이 자유와 해방을 얻는 길이라고 역설했다.

이어서 3호(1938.5.10.), 5-6호(1938.6.25.)에 중문으로 '조선부녀와 부녀운동朝鮮婦女與婦女運動'을 기고해 여성운동을 1919년 3·1운동 이전과 이후, 1927년 이후, 광주항일학생운동 이후로 나누어 고찰했다. 이는 박차정이 자신과 허정숙의 지도로 봉기했던 '서울여학생만세운동'을 한국여성운동의 중요한 사건이자 기점으로 평가했음을 의미한다. 또한 그동안 여성운동(부인운동)이 소수 지식층 위주로, 민족해방운동과 완전히 접목되지 못했던 점을 반성하고, 여성해방운동과 민족해방운동의 접목을 강조했다. 중일전쟁의 발발로 중국의 전면 항일전이 시작된 시점에서 한국여성들도 일치단결 신성하고 위대한 민족해방전쟁에 참여하여 조국의 자유 회복, 동아시아의 화평, 인류의 정의를 위해 투쟁하자고 촉구했다.

9. 조선의용대 부녀복무단 단장

1938년 10월 10일, 조선민족전선연맹에서는 한중연합전선 형식(중국 국민당 군사위원회 소속)을 빌려 산하 군사조직으로 '조선의용대'(대장 김원봉)를 창설했다. 조선의용대는 중국 국민군 산하의 전지공작대戰地工作隊로서 중국의 항일전을 지원하는 국제지원군 성격을 띠면서도 한국인의 독립 쟁취를 위해 싸우는 혁명무장세력으로서 정치적으로 민족 독립성을 유지했다. 조선의용대는 주로 일본군에 대한 정보수집, 일본군 포로 취조 및 교육, 대일본군 선전공작, 중국군 및 한국인·중국인에 대한 선전활동 등 대일 심리전을 담당했다.

박차정은 조선의용대 산하 '부녀복무단' 단장으로서 대원의 사기진작과 선전활동에 주력했다. 부녀복무단 인원은 22명 정도로 알려져 있다. 중일전쟁에서 붙잡힌 일본군 소속 한국인 여자 포로들도 훈련소에서 1개월의 훈련을 이수한 뒤 조선의용대 대원으로 전입되었다. 이런 관계로 조선의용대 내에는 여자대원들이 상당수 있었다.

또한 박차정은 한커우(한구) 만국부녀대회에 한국 대표로 참가했고, 창사(장사) 대한민국 임시정부에 특사로 파견되어 일본의 침략을 규탄하는 라디오 방송을 했으며, 일경에 체포되어 투옥

중에 돌아가신 독립운동가 안창호安昌浩 추도회에 참여했다.

1938년 10월 한커우가 함락되자 우창(武昌무창)을 거쳐 광서성 구이린(桂林계림)으로 이동했다. 1939년 2월 강서성 쿤룬산(崑崙山곤륜산)에서 일본군과 교전 중에 일본군 진지 앞에서 메가폰을 잡고 반전 선전활동을 하다가 부상당했다.

1939년 5월 충칭에서 박차정, 김원봉이 재화일본인반전동맹(재중국일본인반전동맹) 소속의 두 일본인과 찍은 사진이 있다. 박차정과 김원봉이 항일과 반전, 평화를 위한 한중일 협동전선 구축 차원에서 일본인과도 교류했음을 알 수 있다.

10. 허정숙과의 인연: 사회주의 계열 독립운동의
　　 분열과 노선 차이

박차정과 허정숙은 근우회 간부로 활동하며 알게 되었고 함께 1930년 서울여학생만세운동을 지도했다. 이들의 인연은 1936년 허정숙과 남편 최창익崔昌益이 중국으로 망명해 난징에서 조선민족혁명당에 입당, 활동하면서 이어지는 듯했다. 그러나 김원봉과 최창익은 사회주의 계열이지만 서로 독립운동 방략과 정치노선이 달랐고, 1938년 허정숙과 최창익이 조선민족혁명당을 탈당하여 화베이 옌안(화북 延安연안)으로 가면서 이들의 인연도 끝이 났다. 김원봉은 민족운동이 계급에 기반을 둔 공산주의운동이 아니라 일본과의 투쟁을 위한 연합전선 결성을 중심으로 해야 한다며 충칭(重慶중경)에서 중국 국민당 및 대한민국 임시정부와 협력했다. 반면 김두봉·최창익은 공산주의 세력에 의거한 독립 국가 수립을 목표로 화베이 옌안에서 중국공산당과 협력했다.

1936년 국내를 탈출하여 난징에 도착한 허정숙·최창익 부부 등은 1차 목표였던 코민테른과의 연대, 조선공산당 재건 시도가 좌절되자, 차선책으로 민족협동전선운동에 적극적이었던 김원봉과 제휴했다. 이들이 김원봉의 지원을 획득해 민족혁명당 잠입에 성공할 수 있었던 배경은 김원봉의 처 박차정과 허정숙과의 유대관계였다. 박차정과 허정숙은 1920년대 말 신간회 및 근우회 활동을 했고 두 사람의 연대로 서울여학생만세운동을 이끌어 냈던 동지였다. 국내 탈출 후 마땅한 도피처를 구하지 못하고 있던 허정숙·최창익 부부는 박차정·김원봉 부부를 중국에 적응하기까지 머무는 안전한 은둔처로 활용했다. 김원봉은 확실한 재정과 조직 기반을 가지고 좌파협동전선운동에 적극적이었고 최창익과 허정숙을 '객인(손님)'으로 우대했다. 그러나 최창익과 일부 젊은 공산주의자들은 민족혁명당 청년당원을 상대로 강력한 흡인력을 발휘해 민족혁명당 내 공산주의 세력을 강화했고 마침내 김원봉에게 반기를 들고 김원봉의 지도와 영향력에서 이탈했다. 김원봉과 화베이 옌안(화북 연안)파 공산주의 세력과의 결별이었다.

1940년 중국공산당은 조선의용대를 화베이(화북)로 이동시키도록 김원봉을 설득하기 위하여 한국인 요원을 파견했다. 박차정과 김두봉도 동조하는 가운데 김원봉은 조선의용대의 북상(화베이 옌안으로 북상) 항일방침을 정했다. 중국공산당의 의도대로 된 것이었다. 1941년 중국공산당은 조선의용대의 주력을 화베이 지역으로 차출했다. "만주(120만 명), 화북(20만 명)에 거주하는 한국인을 보호하려면 조선의용대가 일본군과 싸워야 한다."는 명분이었다.

그러나 아이러니하게도 중국공산당은 김원봉의 합류를 거부했다. 주은래는 김원봉에게 충칭(중경)에서의 역할을 강조하며 그의 옌안행을 거절했다. 중국공산당은 오랫동안 국민당의 지원을 받아왔던 김원봉에게 의구심을 가지고 있었기에 그의 지도력이 화베이까지 미치는 것을 원하지 않았다. 이에 김원봉을 지지하는 일부 조선의용대 대원들과 김원봉·박차정을 제외한 대부분의 대원들이 옌안으로 이동하여 중국공산당 및 팔로군과 합류하여 중국공산당의 지휘를 받았다. 이때부터 김두봉은 김원봉과 길을 달리했다. 김두봉은 옌안으로 가서 중국공산당의 지원을 받아 화북독립동맹을 창설했고, 조선의용대를 조선의용군으로 개편했다.

김원봉은 대원이 거의 없는 지휘관으로 고심 끝에 1942년 조선의용대의 한국광복군(대한민국 임시정부 산하 군사조직) 합류를 결정했다. 조선의용대는 한국광복군 제1지대로 편입되었고, 김원봉은 한국광복군 부사령관 겸 제1지대장이 되었다. 1944년 5월 김원봉은 대한민국 임시정부 군무부장에 취임했다.

11. 한국의 여성혁명가 박차정 여사 서거 (『新華日報』1944.6.1.) 뒷이야기

박차정은 1939년 충칭(남안南岸 대불단大佛段 172)에 정착했지만 병약했던 몸에 부상 후유증으로 더욱 쇠약해졌다. 김자동(독립운동가 김가진의 손자이자, 김의한과 정정화의 아들)은 "1943년으로 기억되는데, 충칭에 있을 때 부모를 따라 충칭을 가로지르는 강의 남쪽에 있는 난안구 단쯔스 쑨자화위안(남안 탄자석 손가화원) 집으로 찾아가 위독해진 박차정 여사를 문병한 적이 있다."고 회고했다.

해방 1년을 앞둔 1944년 5월 27일, 박차정은 만 34세 나이에 부상 후유증과 지병인 관절염(강대민), 심장병(중국공산당 기관지 『新華日報(신화일보)』 보도), 숙환(『앞길』 33, 1944.6.1.)으로 건강이 악화되어 세상을 떠났다. 충칭의 날씨는 구름 낀 날이 많았고, 피난민을 포함하여 수많은 사람들이 끼니때마다 땔감을 때는 바람에 연기가 자욱했던 데다 분지 지형으로 환기도 잘되지 않아 공기가 매우 탁했다. 이 때문에 대한민국 임시정부 요인이나 동포 가운데도 건강이 좋지 못한 이들이 많았고 폐질환으로 사망하는 경우도 있었다. 이런 환경에서 병약했던 박차정이 건강을 회복하기는 역부족이었던 것 같다. 박차정의 유해는 충칭 강북구 상횡가 망진문 남쪽 화상산 공동묘지에 안장되었다.

중국공산당 기관지 『신화일보新華日報』(1944.6.1.)에 간단한 약력과 함께 "한국의 여성혁명가 박차정 여사 서거"라고 기사가 났을 정도로, 박차정은 독립운동사에 한 획을 그은 독립투사였다. 이 시기 '혁명'이라는 단어는 '독립' '해방'과 동의어였다. 독립운동가 장건상은 『앞길』 33(1944.6.1.)에 "곡 차정 동지, 혁명을 완수하기 전에 유명을 달리함을 탄식함(哭 次貞 同志, 奔馳革命未成前. 可歎幽明已絕緣. 友在沙場家有老. 君何瞑日好登仙)"이라고 애도를 표했다.

해방 후 1946년 2월 김원봉은 '박차정의 유골과 피 묻은 군복'을 가지고 귀국했다. 박차정의 동생 박문하를 찾아본 뒤, 자신의 고향(현재 밀양시 감천동) 뒷산 종남산 자락 아래 송악마을 공동묘지(경남 밀양시 부북면 제대리 산 44-7번지)에 안장했다. 비석도 없었다. 현재 박차정의 묘소 앞에 있는 비석은 이후에 세워진 것이다.

박차정이 전사한 것이 아니라 지병으로 사망했음에도 김원봉은 왜 '박차정의 피 묻은 옷'을 간직하고 있었을까. 해방 후 김원봉이 죽은 아내 박차정의 '피 묻은 옷'을 가지고 귀향했다는 보도는 애틋함과 비장함이 느껴지는 대목으로 대단히 상징적인 행위였다. 항일독립투쟁의 동지이자 아내였던 박차정을 기억하고 기리는 나름의 방법이었을 것이다.

박차정 사후 7개월 뒤인 1945년 1월 6일 김원봉은 비서인 최동옥(崔東玉, 일명 최동선崔東仙, 채동선蔡東鮮)과 재혼했다. 박차정은 임종 직전 최동옥에게 김원봉과의 결혼을 권유했다고 한다. 최동옥은 민족혁명당 중앙감찰위원이며 대한민국 임시정부 국무위원 최석순崔錫淳의 장녀로 역시 "대단히 발랄한 미모의" 혁명가였다. 최동옥은 박차정·김원봉과 함께 민족혁명당 및 조선의용대 활동에 적극 참여했던 혁명동지로 3·1소년단 단장 및 김원봉의 비서로 활약했다. 김원봉과 최동옥의 슬하에는 중근重根, 철근鐵根 형제가 있었는데, 1948년 4월 초순 김원봉의 월북 때 동행한 것으로 추정되며 생사는 알려져 있지 않다.

박차정의 독립운동이 밝혀지고 확산된 것은 조카 박의정(오빠 박문희의 아들, 미국 거주, 1996년 사망), 박의영(부산 거주, 목사)의 활동에 힘입은 바 크다. 박의정은 1993년 2월, 박차정의 묘소를 찾아 단장하고 위치를 명확히 했다.[12] 또한 박차정에 관한 자료를 수집하고 학자·정부·연구자에게 제공하여 박차정의 독립운동이 널리 알려지도록 했다. 박태일은 1993년 『동래신문』에 박차정에 관한 기사를 3회(2.1, 2.8, 2.15)에 걸쳐 연재했다. 대한민국 정부는 박차정의 공적을 기리어 1995년 8월 15일 건국훈장 독립장을 추서했다. 1996~1997년 박차정에 관한 연구논문과 책이 출간되어 독립운동·여성운동의 공적과 문학소녀의 면모가 알려지게 되었다. 1996년 8월 9일 부산 MBC 8.15 광복 특집으로 "대륙의 들꽃, 박차정"이 방영되었다. 1996년 8월 박의영은 (사)박차정의사숭모회를 설립했고, 숭모회의 노력으로 2001년 3월 1일 부산시 금정구 만남의 광장(구서동 481-1)에 '박차정 동상'이 건립되었다. 2005년 7월 8일 부산시 지원으로 '박차정 의사 생가'(현재 부산시 동래구 칠산동 319-1)가 복원되어 전시관으로 활용되고 있다. 2006년 5월 보훈처와 독립기념관은 이달의 독립운동가로 박차정을 선정하여 기념했다. 2008년 12월에는 동래문화회관 대

---

[12] 박차정 묘소에 비석이 세워진 때가 1993년이다. 비석을 세운 이가 박의영이라는 기록과 동래여고 후배들이라는 기록이 함께 있어 명확하지 않다. 사실 규명이 필요하다.

극장에서 뮤지컬 '항일여성독립운동가 박차정'이 공연되었다. '박차정 여성운동가상'이 제정되어 매년 수상자를 배출하고 있고 매년 5월 27일 '박차정 추모회'가 개최되어 박차정을 기념하고 있다. (2018년)

부산 출신 여성인물

: 학생항일운동 지도자 최복순

1. 최복순, '서울여학생만세운동 지도자' '출옥'으로 『동아일보』에 대서특필

최복순은 부산 초량 출신으로 동래 일신여학교를 졸업한 뒤 서울 이화여자고등보통학교(이후 이화여고보)에 진학했다. 학생투표로 이화여고보 학생기독청년회 회장에 선출되었을 정도로 활달한 성품에다가 학생활동에 적극적이었다.

최복순

1930년 1월 15일 이화여고보 졸업반(4학년 3학기 말)때 만19세 나이로 서울여학생만세운동을 주도했다. 1월 16일 체포되어 서대문경찰서 유치장에 투옥되었다. 경성지방법원에서 8개월 징역형을 선고받고 서대문형무소에서 복역(1930.2.29.~9.10.)했다. 서대문경찰서 유치장, 서대문형무소 미결수로 수감되어 있었던 기간을 합해 8개월간 옥고를 치렀다. 1930년 1월 15일 서울여학생만세운동에 참가한 12개 중등학교 여학생 가운데 유일하게 집행유예 없는 징역형이었다. 출소 후, 이화여고에서 퇴학당한 상태였기에 부산 초량에 있는 오빠 최석봉의 집으로 내려갔다.[1]

　해방 후 1946년 이화여고에서는 1930년 항일학생만세운동의 의의와 주도 학생들의 공적을 재평가해 최복순을 포함해 당시 퇴학당한 4명(1946년 현재 30대 중반)에게 17년 만에 졸업장을 수여하고자 했다. 최복순은 부산에 있는 관계로 참석하지 못했다. 먼 길에 오가기가 불편했을까, 여유가 없었을까, 의미가 없다고 생각했을까.[2]

---

[1] 1930년 현재 아버지는 사망했고, 가족으로는 어머니, 오빠, 여동생이 있다.
[2] 1명도 주소불명이어서, 결국 2명이 1946년 7월 졸업장 수여식에 참석해 17년 만에 35세 나이로 졸업장을 받았다. 이화여고 교장은 이들에게 졸업장을 수여하며 "학교의 자랑이며 경사"라고 치하했다.

2. 최복순이 '서울여학생만세운동'을 일으킨 계기는 선배 박차정

최복순은 경찰 신문조서에서 서울여학생만세운동을 일으킨 동기를 다음과 같이 진술했다.

> "광주光州에서 일본학생이 조선여학생을 '희롱'한 데서 발단하여 일본과 조선 학생의 충돌로 발전했고, 조선학생이 다수 피해를 당했음에도 불구하고 당국은 조선학생만 다수 구금했다는 것을 신문에서 또 사람들에게 들어 알게 되었다. 이들 구금당한 조선학생에 대하여 동정적인 의분을 가지고 당국의 조치에 분개했다. 이런 가운데 시내 각 학교에서는 이 사건에 대하여 만세시위운동을 일으키게 되었고, 여학생이라 할지라도 이러한 때에 묵묵히 있을 시기가 아니라고 생각했다."

최복순이 이러한 생각을 하고 있던 차에, 1929년 12월 9일, 같은 부산 출신이자 동래 일신여학교 선배였던 근우회 간부 박차정(최복순보다 한 살 위로 한 학년 상급생)이 정동 이화여고보로 찾아왔다. 여학생만세시위운동에 참가 의향을 타진하기 위해서였다. 근우회 중앙집행위원이자 출판 및 선전 담당 간부로 활동하며 서울에 머무르고 있던 박차정은 그날 개최된 집행위원회에서 허정숙,

한신광을 만나 광주학생사건과 항일운동에 대하여 의견을 교환했다. 서울의 각 남학교가 동요하고 있는 가운데 근우회 동지들 사이에서 시내 여학교 학생들도 만세시위에 참여시키자는 논의가 있었기 때문이다.

3. 이화여고보 최복순, 근우회 간부이자 사회운동가 허정숙과 만나다

그 날 저녁 최복순은 공평동(현재 종각역 근처, 보신각 건너편) 근우회 회관에서 박차정을 만나 함께 광화문 근처에 있는 허정숙의 집을 방문했다. 허정숙의 집에서 이화여고보 최복순을 비롯해 숙명여고보, 정신여학교, 경성여자상업학교 대표들이 모여서 여학생만세시위를 계획했다. 이렇게 하여 12월 20일 숙명여고보, 정신여학교, 경성여자상업학교 학생들의 만세시위가 일어났다. 그러나 이화여고보 학생들은 만세시위에 참가하지 못했다. 당일 학교 당국이 갑자기 동계 휴가를 선언하면서 1930년 1월 3일까지 휴교에 들어갔기 때문이다. 최복순은 고향 부산 초량에 내려갔다가 3학기 수업 개시일 즈음에 상경했다.

4. 이화여고보 4학년 최복순, '서울 여학생 항일만세시위'의 중심에 서다

당시 4학년 졸업반이었던 최복순은 3학년이 만세시위운동의 주축이 되어야한다고 생각했다. 1~2학년은 아직 어리고, 4학년은 졸업이 얼마 남지 않았기 때문이다. 1930년 1월 11일 기숙사에서 몇 명의 이화여고보 학생들과 모임을 갖고 "내가 희생자가 된다고 하는 각오가 있는 자"가 있으면 나오라고 했다. 그러나 그 누구도 희생자가 되겠다는 사람은 없었다. 결국 최복순이 중앙본부(회장 격)를 맡았다. 이때 이미 최복순은 자신의 희생을 각오했다. '중앙본부'의 직무는 서울 안 각 학교와 연락을 취하고, 연락사항을 각 학급 대표자에게 알리는 일이었다. 본부가 된 학생이 총지휘자가 되었고, 본부 산하에 연락을 맡아줄 연락자를 각 학년마다 한 사람씩 선발해 학년별 단속을 도모하고 공고히 단결하는 일을 맡도록 했다.

1월 12일 저녁 최복순은 이화여고보 동급생 최윤숙과 김진현을 데리고 허정숙의 집으로 찾아갔다. 마침 허정숙의 집에 박차정도 와있었다. 허정숙과 박차정은 3학기 여학생만세시위를 고려 중이었고 각 여학교에 연락을 취해 1월 15일 일제히 항일학생운동을 일으키자는 계획을 세웠다. 이들의 가르침을 받은 최복순

· 최윤숙· 김진현은 동덕·상업·근화·미술·숙명·진명·실천 등 각 여학교 대표들에게 연락을 취해 1월 15일 함께 항일만세시위를 일으키기로 뜻을 모았다.

5. 이화여고보 비롯해 13개 여학교 학생들이 일제히 궐기, 태극기 들고 만세시위

최복순· 최윤숙· 김진현은 허정숙에게 조언을 구하여 결의문(격문) 6항목을 작성하고 이를 이화여고보 학생들에게 전달해 기세를 진작시켰다.

1. 학교는 경찰의 침입을 반대하라.
1. 식민지 교육정책을 전폐하라.
1. 광주학생사건에 대하여 분개하라.
1. 학생 희생자를 모두 석방하라.
1. 조선의 청년학생이여, 아아 일본의 야만정책에 반대하라.
1. 각 학교는 퇴학생을 복교시켜라.

최복순은 3학년 기숙사생들에게 보자기나 종이로 크고 작은 태극기 100여개, 격문 선전 삐라 100여개를 제작하게 했다. 이순옥(이화여전 휴학생)은 스스로 붉은 깃발(적기)과 사회주의 구호가 적힌 전단을 제작했다. 이화여고보 1·2·3학년 학생들은 운동장에 모여 선전 전단지를 나누어주고 태극기와 적기를 들고 만세를 연창하며 시위에 나섰다.

최복순·최윤숙·김진현은 이화여고보 학생들뿐만 아니라 정신·진명·숙명·배화·동덕·여상·미술·근화 등 여학교에도 연락하여 1월 15일 일제히 궐기해 항일만세시위운동을 전개하기로 했다. 최복순이 접촉했던 각 여학교 학생 가운데는 자신이 4학년이고 졸업이 얼마 남지 않은 관계로 만세시위에 참가하기 어렵다며 거절하는 경우도 있었다. 당시 여성으로서 중등교육까지 받는 이는 지극히 소수였다. 여고보 진학은 아무나 누리기 어려운 특권이었고 그만큼 주위의 기대도 컸다. 최복순 등 이화여고보 4학년 학생들의 만세시위 주도는 자신의 학력과 장래를 희생하고 민족의 현실적 요구에 즉각적으로 부응한 멸사봉공의 행위였다. 실제로 최복순을 비롯하여 이화여고보 학생 4명은 서울여학생만세시위운동의 주동자로 재판에서 실형을 선고받고 학교에서 퇴학당했다. 1930년 3월 제12회 이화여고보 졸업생 30명의 졸업식이 거행되었지만 졸업생 명단에 이들 4명의 이름은 없었다.

여학생 시위의 진로는 정동 이화여고보에서 배재학교 옆길을 통과하여 정동방송국 앞으로 나와서 종로로 나아가기로 했다. 15일 당일 시위를 앞두고는 학생들이 교실에 들어갈 때 신을 벗지 말고 그대로 들어가도록 했다. 신을 벗고 교실에 들어가 있을 경우 신을 신고 나오는데 시간이 걸렸기 때문이다. 만세시위시간에 즉시 운동장으로 나올 수 있도록 신을 신고 있도록 한 것이었다.

　이화여고보 학생들은 교정에서 기를 흔들고 소리 높여 만세를 연창하며 교문 밖으로 진출하고자 했다. 그러나 교문을 폐쇄하고 기마경찰까지 출동시켜 지켜보고 있던 경관들에게 저지당해 교문 밖으로 나갈 수 없었다. 대신, 배재학교가 보이는 곳으로 가서 만세를 부르며 배재학생들도 나와서 동참할 것을 촉구했다. 이에 호응하여 배재학교 남학생 전부가 교정에 나와 만세를 불렀다. 그러나 이 역시 경관에게 제지당하고 교실로 들어가게 되면서 여학생들은 교실 복도에서 만세를 불렀다. 이후 이화여고보와 이화여자전문학교 당국은 1개월간 휴교를 선포했다.

6. 체포되어 서대문경찰서 유치장, 서대문형무소에서 고초를 겪다

　이회여고보 학생들이 경관에게 연행당하기 시작했다. 원래 학생들끼리 약속하기로는 경찰에게 연행당해도 누가 시위에 참가했는지 말하지 않기로 되어 있었다. 그러나 3학년 5~6명이 경찰에게 시위 학생들의 이름을 알려주는 바람에 이화여고보 학생 50~60명이 연행되었고 본부 조직도 발각되었다. 학생운동 중앙본부 회장격인 최복순도 체포되었다.

서울여학생만세시위는 근우회 간부 허정숙과 박차정의 지도를 받아 이화여자전문학교·이화여고보·동덕여고보·숙명여고보·경성여자상업학교·근화여학교·실천여학교·정신여학교·경성여자미술학교·경성공립여고보·배화여고보·진명여고보·태화여학교·경성보육학교 등 13개교 학생들이 만세를 부르고 격문을 뿌리며 시위를 벌인 사건이었다. 1929년 11월 광주의 한국인 학생과 일본인 학생 사이에 있었던 충돌사건 처리과정에서 노골적으로 불거진 민족차별에 대항하고 위정 당국자의 반성을 촉구하기 위해 일으킨 학생만세시위였다. 1930년 1월 초순 3학기 수업 개강을 기점으로 이화여고보 최복순이 동지를 규합하여 근우회 간부 허정숙과 박차정에게 자문을 구하고 시내 각 여학교 학생들에게 연락을 취하여 일으킨 만세시위운동이었다.

만세시위 참가가 1,800여명 가운데 100여명이 경찰에 체포되었다. 경찰은 이 가운데 34명은 서대문형무소에 구속시킨 상태로, 55명은 불구속 상태로, 총 89명을 경성지방법원 검사국에 송치했다. 이화여고보 학생으로 최복순을 비롯하여 11명은 구속, 35명은 불구속 상태로 총 46명이 검찰 수사에 넘겨졌던 대규모 사건이었다.

검찰은 사회적 파장을 최소화하고 어린 여학생임을 고려하여 허정숙, 이순옥, 최복순, 최윤숙, 임경애, 김진현, 송계월, 박계월 8명만 기소하여 공판에 회부하기로 결정했다. 박차정은 경찰 수사 중에 병보석으로 풀려나 중국으로 탈출했기에 기소되지 않았

경성지방법원 법정 밖과 안의 광경

다. 나머지는 불기소, 기소유예 등의 형식으로 석방했다. 기소된 8명 가운데 반(최복순을 비롯하여 4명)이 이화여고보 학생이었다. 변호사 김병로, 이인, 양윤식, 강세형이 무료로 변론을 맡았고, 이외에도 김병무, 이창휘, 한국종 등이 변론을 담당했다. 특히 김병로, 이인은 광주학생운동으로 검거된 광주 학생들의 변론을 맡아 바쁜 와중에 서울여학생만세운동으로 검거된 여학생들의 변론까지 담당하는 열성을 보였다.

7. 여학생들의 재판에 세상의 이목이 집중되다

1930년 3월 18일 제1회 공판이 개정되었다. 여학생들에 대한 공판이었던 까닭에 법관, 신문, 일반인 등 세상의 주목을 받았다. 한국인 일반 방청이 제한된 가운데 남학생 20여명은 방청석에 있다가 쫓겨나기까지 했고, 관심을 가지고 지켜보는 일본인도 많아 재판장 뒤의 특별방청석이 만원이었다. 사건 기록은 2,000~3,000장에 달했다. 제1회 공판에는 여학생들의 가족들이 아침부터 사방에서 몰려들어 법정 문밖이 인산인해였다. 법정에 들어오지 못하고 문밖에서 서성이는 예비 방청객들이 100여명에 달했다. 법정에는 보기 드물게 여간수 3명이 출동하여 이채를 띠었다.

1930년 3월 22일 서울여학생만세운동 사건 판결의 날, 경성지방법원 법정 밖

허정숙과 여학생들은 당시 관례에 따라 머리에 용수를 쓰고 법정에 입장했고, 재판장과 검사가 입정하자 간수가 이들의 용수를 벗겼다. 체포된 지 두 달 만이었다.

법정에서 최복순이 제일 먼저 재판장으로부터 사실심리를 받았는데, 매우 명쾌하고 조리 있게 공술했고, 침착하고 온화하며 차분한 태도를 견지했다.[3] 이날 최복순은 흰 저고리, 검정치마, 남빛 버선, 수수하게 틀어 올린 머리, 상기된 얼굴에 미소를 띠었다고 보도되었다.

---

[3] 마지막으로 사실심리를 받은 사람은 근우회 사무국장 허정숙이었다.

8. 학생 중 유일하게 집행유예 없는 징역 8개월, 그래도 의연하게!

1930년 1월 15일 서울여학생만세운동에 참가한 학생은 1,800명으로 100여명이 검거되었고, 이 가운데 검찰에 넘겨진 이(허정숙 외 대부분 여학생)가 89명이었으며, 재판을 받은 이는 최복순과 허정숙을 포함해 8명이었다.

1930년 3월 23일 판결이 언도되었다. 허정숙 징역 1년, 최복순(이화여고보) 징역 8개월, 이순옥(이화여전) 징역 7개월에 집행유예 4년, 최윤숙, 김진현, 임경애(이상 이화여고보), 송계월(경성여자상업학교), 박계월(여자미술학교)에게는 징역 6개월에 집행유예 2년이 선고되었다. 허정숙과 최복순을 제외하고 나머지 6명은 집행유예로 풀려났다. 최복순만 학생 가운데 유일하게 집행유예를 받지 못한 채 징역형을 선고받았다. 교사들과 학부형들이 눈물을 머금었을 정도였지만 최복순은 "태연하여 미소를 띠고" 퇴정하며 침착함을 유지했다. 집행유예를 받은 6명은 1930년 3월 24일 서대문형무소에서 출소했다. 이들은 서대문경찰서 유치장과 서대문형무소에서 미결수 상태로 2개월 수감되었다가 풀려났다고 보면 된다. 최복순은 6개월 뒤인 9월 10일 출옥했고 총 8개월의 옥살이였다.

최복순과 박차정의 경찰신문조서, 검사신문조서를 보면 공통점을 발견할 수 있다. 이들은 모두 자신이 만세운동을 계획하고 실질적으로 주도했다고 시인했다. 특히 최복순은 거사를 함께 계획했던 박차정과 허정숙, 다른 학생들에게 최대한 피해가 가지 않게 "모든 일은 자신이 자발적으로 기획하고 도움을 구해 실행했다."고 진술했다. 실상은 근우회 간부 허정숙과 박차정이 주도했고 일제 당국도 그렇게 파악하고 있었음에도 최복순은 자신이 '서울여학생만세운동'의 최초 제안자이자 연락자이며 허정숙과 박차정은 별로 생각이 없었지만 자신의 요청에 마지못해 응대해 준 것일 뿐 누구의 선동이나 지도를 받은 것이 아니라는 취지로 일관했다. 자신의 형량을 줄이기 위하여 근우회 간부 허정숙, 박차정에게 혐의를 떠넘기거나 부인하지 않았다. 모호하게 진술하지도 않았다. 시종일관 자기 생각에서 비롯된 자발적인 행동이었다고 주장했다.4 희생을 각오하고 여학생만세시위의 주도자로서 책임을 지고자 한 행동이었다. 이로 인해 최복순은 재판받은 학생 가운데 유일하게 집행유예 없는 8개월 징역을 선고받고 복역

---

4 서울여학생만세운동과 관련하여 허정숙, 박차정, 최복순의 진술 태도를 비교해 볼 만하다. 허정숙은 최복순의 요청을 받고 할 수 없이 도와주었을 뿐이라는 태도를 취했다. 최복순도 허정숙과 같은 맥락에서, 여학생만세운동은 자신이 주도했으며 허정숙과 박차정은 자신의 요청에 따른 것이라고 주장했다. 반면, 박차정은 허정숙과 자신이 주도하고 최복순을 유도했다는 취지로 진술했다.

했다. 서울여학생만세운동의 주도자가 최복순이었음을 다시 한 번 확인하는 순간이기도 했다. 1930년 1월 15일 서울여학생만세시위는 최복순과 이화여고보 학생들이 시작하고 주도한 학생항일운동이었다.

1929년 11월 광주에서 시작된 학생항일운동은 1929년 12월 1차, 1930년 1월 15일 2차에 걸쳐 대규모 서울학생만세시위로 확산되었고 2월 초순 전국적으로 확대되었다.

서울여학생만세운동은 광주학생항일운동을 지지해 식민지정책 철폐, 식민지교육 철폐, 만세시위로 수감된 학생들의 석방과 퇴학당한 학생들의 복교를 내세우며 서울시내 중등학교 여학생들이 연대하여 일으킨 항일운동이었다. 여학생들이 작성한 격문이나 외쳤던 구호는 "광주 학생 석방 만세" "제국주의 타도 만세" "약소민족 만세" "공산계급혁명 만세" "피압박민족해방 만세" 등이었다. 서울여학생만세운동은 일제의 민족차별에 항거하여 '확실한 정치인식'을 가지고 일어난 항일운동이자 독립운동이었다는데 의의가 있다. 대한민국 정부에서는 최복순의 공로를 기리어 2014년 대통령표창을 수여했다.

1930년 최복순은 총 8개월의 옥고를 치르고 출소했으나 1년 뒤인 1931년 '조선공산당재건준비회' 사건으로 다시 체포되어 조사를 받았다. 최복순을 포함하여 18명이 3개월간 서대문경찰서 유치장에서 조사를 받았다. 최복순은 부산 초량 집에 있다가 체포되어 서울 서대문경찰서로 압송된 것으로 보인다. 관련하여 경성검사국에 27명이 송국되었고 이 가운데 11명이 기소되어 법원 예심에 회부되었지만, 이화여고보 학생 등 16명은 불기소 처분되었다. 검사의 불기소 처분이 기소 건수보다 많은 것으로 미루어 공산주의재건활동을 했다는 증거가 부족한데도 경찰이 과잉수사 했을 가능성이 많아 보인다. 최복순의 경우 서울여학생만세운동 때 박차정과 허정숙과 교류했던 관계로 또 다시 의심을 받았거나 이즈음 사회주의 및 공산주의 사상에 관심을 가졌을 가능성도 있다.

해방 후 최복순은 부산지역에서 중도적인 성격의 정치운동, 통일독립국가 수립운동에 뛰어들었다. 부산 부녀동맹의 대표자로서 남북한 통일독립국가 수립을 목표로 '민주주의 민족전선 부산시위원회'에 참가하여 재정부 임원으로 활동했다. (2019년)

제2장 내 마음은 날개를 달고

20년 된 상품권, 유효할까

어느 순간 내 앞에 문이 굳게 닫혀버렸다. 언제든지 문을 열고 들어갈 수 있고 환영받을 것이고 기꺼이 초대받을 것이고 초인종을 누르면 문이 열릴 거라고 생각했다. 착각이었다. 문은 잠긴 뒤 열리지 않았다. 엄밀하게 말하면 문 너머 자신의 동굴을 구축한 아이들은 문을 열고 들어오려는 엄마를 거부했다. 설마 그럴 리가, 못 들었나. 열심히 문을 두드렸으나 문은 열리지 않았다. 내 분신으로부터 존재 가치를 부정당했다. 보금자리에서 반강제로 쫓겨나 겨우 추스르고 있는데 어둠 속에서 연타로 날아온 라이트 훅 레프트훅에 혼절할 지경이었다. 믿을 수 없는, 믿기 힘든 일이

'내게' 일어났다. 목소리도 희미해졌다. 그렇게 가장 믿고 사랑하는 이들에게 추방당한 채 카톡방에 머물렀다. 소설 속에서나 나오는 일인 줄 알았는데 어이가 없구나. 정말 헛살았구나. 큰 잘못을 했나, 씻기 힘든 상처를 주었나. 충분히 마음을 정리할 때까지 충격에서 회복할 때까지 그 방에 들어가지 못할 것이다. 그렇게 한순간 보호자가 아니라 가해자가 되어 있었다. 무슨 일이 일어났는지도 모른 채. 아무리 그래도 인두겁을 쓰고 어떻게 그럴 수 있나. 그제서야 소설이나 막장 드라마 같은 그런 일이 실제로 일어나는 일임을 실감했다. 어디서부터 잘못되었는지 찾기 힘들다. 가능할지 모르겠다. 가슴에 맺힌 한이 너무 단단해지고 오래되어 풀기 어렵다면, 그 상태로 삭아 끊어져 버린다면, 결자해지라는 말도 별 의미가 없을 것이다. 트라우마를 불러일으키기에 서로 보지 않는 것이 심리 안정에 도움이 된단다. 시간이 약이라고 하지만 시간이 흐른다고 치유될까.

20년 전 어느 날 민기에게서 여러 장의 상품권을 받았다. 어버이날이었는지 생일이었는지는 기억나지 않는다. 자기가 할 수 있는 최대한 효도라고 생각되는 일들을 적어 넣고 손수 칼라프린트 해서 만든 상품권이었다. 쓰기 아까워서, 그거 쓰지 않아도 그땐 좋았으니까, 언젠가 정말 필요할 때가 생길 거라는 막연한 생각으로 상자에 간직했다. 내 기억에 아이들 추억 박스 안에 넣어놓

앉던 것 같다. 그리고 20년이 흘렀다. 민기는 직장인 태평양 가까이 따로 독립해 나갔다. 요즘 정말 상자를 샅샅이 뒤져 그 상품권을 꺼내 쓰고 싶다는 생각을 한다. 그러나 게을러서 또 소용이 있을까 싶어서 아직 찾아보지는 않았다. 박스를 열어 찾기 시작한다면 나는 마치 두 손으로 무덤을 파헤쳐 관 뚜껑을 여는 듯한 광기로 빛나는 미인이 되어 있을 것이다.

살면서 종종 극도로 화가 나서 미인이 된 적이 있다. 그 모습들로 인해 아이들이 많은 상처를 받았을 것이다. 이제 알겠다. 어려서 무서워도 참고 버티며 트라우마가 생긴 것이다. 그래도 사랑이 훨씬 더 많았으니 괜찮은 줄 알았다. 행복보다는 불행과 고통을 더 또렷이 기억한다는 메커니즘이 작용한다는 사실을 몰랐다. 괜찮겠지. 회피하고 서로를 속인건가. 단란하고 화목한 가정인 줄 알았는데 거짓 평화였다. 극한의 어려움이 닥치고 더 이상 힘이 없을 때 그 위선은 가차 없이 벗겨졌고 상처 입은 순수는 잔인한 얼굴을 드러냈다. 지옥이 따로 없다. 여기 지금 이 순간이 지옥이다.

이젠 안다. 아무리 애를 써도 되는 일이 있고 안 되는 일이 있다. 뜸 들일 시간도 필요하다. 그때까지 인내하며 기다릴 줄도 알아야 한다. 그러니 그렇게 열심히 노력하고 절제하며 살 필요가 있었을까. 그 순간을 즐기며 느슨하게 사는 것이 오히려 현명한 삶이 아니었을까. 바보. 헛똑띠. 그러나 돌아보면 전혀 무용하지는 않았다. 내게 주어진 시간이 순간이고 귀한 시간이라는 것을 알았고 그래서 더 만족해하며 감사했던 것 같다. 주위 엄마들에게도 늘 말했다. 지금뿐이라고. 인생의 가장 빛나는 순간은 너무나 빨리 지나간다고.

그런데 왜 그랬을까. 너무나 불완전하고 추한 인간의 속성을 그렇게 화산 폭발하듯이, 곪은 고름 터지듯이 그렇게 해야만 했나. 불가항력이다. 내 속에 지 마음대로 나를 조정하는 그게 뭐였지. 다시 생각해 보면 지나치게 아이들 공부시키는 데 집착했던 엄마였다. 그게 미래에 아이의 안전을 보장해 줄 거라고 생각했기 때문이다. 제정신이 아니었다. 따로 해야 할 일이 있었는데 차라리 일에 집중하는 게 나았을 것을. 이제 와서 후회해도 소용없다.

나이가 들면 어른이 되고, 어른은 모든 일을 능숙하게 처리할 수 있을 거라고 생각했다. 그러나 시간이 갈수록 모든 일에 서투르기만 하다. 장성한 아이들은 이제 나보다 더 유능하고 능숙한 사회인이 되어 척척 일을 처리한다. 가끔씩 아이 때의 여린 마음이 언뜻 보이는 건 안 비밀. 제주도 이효리 집을 숙박 장소로 활용하며 촬영하던 TV 프로그램에서 이효리는 남편 이상순에게 "오빠, 난 오빠한테 말하는 게 너무 재미있어. 난 오빠하고 말하려고 결혼했나 봐." 그 장면이 기억난다. 그땐 그 말이 깨진 거울이 되어 내 가슴을 난도질할 거라고는 생각하지 못했다. 우리도 그런 줄 알았는데 알고 보니 아니었기 때문이다.

결혼하고 아이를 낳아 키우면서 가장 중요시했던 것은 대화와 소통, 즐거운 추억이었다. 그래서 여행도 갔던 것이고, 아이들 학원 갈 때 굳이 차를 태워주기도 했다. 아이들이 학교에서 돌아올 시간에는 집에 있으면서 얼굴 보며 좀 더 많은 대화를 나누려고 했다. 아이들과 맛있는 거 먹고 놀고 함께 하는 것이 너무 좋았다. 다시 태어나서 일과 가정 중에 하나를 선택하라고 한다면 아이들을 낳고 키우며 함께 하는 삶에 더 비중을 둘 거라고 생각했다.

그러면서도 내심 불안하고 초조했다. 먼 훗날이겠지만 언젠가 아이들은 독립할 것이고 나는 빈둥지증후군을 겪을 것이며 그때 나만의 일이 있다면 아이들도 나도 덜 힘들 거라는 사실도 알고 있었다. 미래를 두려워하기 전에, 아이들이 자립해서 사회적으로 유능한 인간이 되기를, 정글에서 살아남기를 바랐다. '쓸데없다. 걱정하지 말라'는 종교의 가르침이 아니더라도 기우였다. 너나 잘 하세요. 정말 명언이다.

불통을 느낀 순간 산산조각 나있는 우리를 보았다. 여전히 불통의 무한지옥에서 살고 있다. 나 자신과 내 분신은 다르다. 별개의 독립된 존재라고 인정하면서도 여전히 내 분신이라는 생각에 자아가 분리된 듯 너무 답답하다. 답답해서 미쳐가고 있다. 그 순간 그렇게 우리는 스쳐 지나갔다. 다시는 돌아올 수 없는 길로. 헛되고 헛되니 헛되고 헛되도다.

그래도 행복하다. 순간이나마 함께 했던 시공간을 가질 수 있었기 때문이다. 치명적인 상처를 입었지만 살아남았고 살아남을 것이기 때문이다. 아이들에게 스테인리스 숟가락이라도 쥐어 주었으니 여한이 없다. 할 일을 했으니까. 함께 더 행복했으면 좋겠다. 영원한 짝사랑과 무한지옥. 불가항력이다.

고통스럽다. 아이들이 마음 문을 닫고 인연의 끈을 놓아버렸다. 이해하고 싶지도 이해받고 싶지도 않다는 의미였다. 그제야 깨달았다 이미 문이 닫혔다는 걸. 두드렸으나 문은 열리지 않았다. 두드리면 열릴 거라더니. 안 열리더라. 왜 안 열리지. 왜 문을 안 열어주지. 내가 늑대인가, 역병인가. 왜 얼굴을 안 보려고 하지. 대화가 아닌 침묵을 선택한 이유가 뭘까. 얼굴 보면 자기들 마음에 파문을 일으키니 안보는 게 낫단다. 시간이 흐르면서 치유되거나 덜 예민해지거나 무감각해지겠지. 처자를 버리고 홀가분하게 출가한 이들은 행복했을까. 철저하게 자신을 고립시키고 집중해 수행을 거듭한 이들은 무엇을 성취했을까. 윤회의 고리를 끊어내고 마침내 우주의 중심에 설 수 있었을까.

그래도 실낱같은 희망은 남아있다. 아직 단절은 아니기 때문이다. 사람은 무엇으로 사는가. 판도라의 상자에 가장 마지막에 남아있는 그것. 이미 지나간 기회가 또 올지. 그날이 오면 20년 된 상품권을 찾을 것이고 써볼 것이다. 유효한지 아닌지는 그때 가서 알게 되겠지. (2021년)

사랑의 유통기한

"어떻게 사랑이 변하니? 사랑에도 유통기한이 있는 거니?"

1년이 넘고 2년이 되어가면서 상처는 아물었다. 점차 글에 넋두리가 줄면서 스스로를 돌아보고 새로운 배움에 집중했다. 그러나 비가 오면 건강하지 못한 관절이 쑤시듯 어느 순간 상처 부위가 헤어지고 진물이 난다는 걸 알게 되었다. 나은 줄 알았는데 종종 도졌다. 아마도 평생 견디고 보듬고 가야 할 '진주'를 잉태한 것이 아닌가 싶다. 진주의 탄생은 조개의 아픔에서 비롯된다. 이러다 진주목걸이 걸고 다닐까 무섭다. 진주목걸이 딱히 좋아하지도 않고 걸고 다닐 일도 없는데 진주 안 만들어도 좋으니 안 아프고 싶다.

가족은 '반석'인 줄 알았다. 밖에서는 아무리 세상 풍파가 몰아쳐도 가정은 안전한 '노아의 방주'인 줄 알았다. 부부가 그런 가정을 만들어온 줄 알았다. 스스로 참 운이 좋고 행복한 사람이구나 생각했다. 분주한 일상이 반복되는 가운데서도, 일과 가정의 양립이라는 목표를 두고 초조하고 숨 막히는 순간순간에도, 엄마만 바라보고 좋아해 주는 아이들과 남편과 함께 하는 시간이 정말 소중한 선물이라는 사실을 알고 있었다. 정말 감사하다고 느꼈다. 지금껏 보살핌을 받은 거라면 언젠가 때가 오면 내가 보살피리라 생각했다.

그러나 한없이 주는 것 같아도 넘어설 수 없는 경계선은 분명했다. 처음부터 솔직하지 못했던 사람은 평생 살아도 그 습관을 버리지 못했다. 마음을 열어달라고 고집을 고쳐보겠다고 호소하며 울부짖던 나날을 헤아릴 수 없다. 소용없었다. 차라리 사치나 향락에 빠졌더라면 샤넬을 입고 들고 바르고 엄청 우아했으리라. 들여 보내주지 않는 문 앞에서 그 좌절의 순간을 참을 수 없을 때면 작은 물건을 하나씩 집어 던졌다. 바닥에 벽에 내동댕이쳐지고 부서진 그 물건은 상한 마음이고 피폐해진 영혼이었다.

남자를 포함해 사람의 속성이나 유형에 대해 너무 몰랐던 것 같다. 해결책을 찾아 『화성에서 온 남자, 금성에서 온 남자』를 여러 번 읽기도 했다. 그래도 알 수 없는 게 사람이었다. 그 과정을 보고 듣고 견뎌야 했던 아이들은 진저리 쳤을 것이다. 서투른 방법과 덜떨어진 성품일지라도 온 마음과 정성을 기울여 있는 힘을 다해 키워놓은 사람 아이는 가장 어려울 때 등을 돌렸다. 그러고는 엄마가 이렇게 키운 거라고 울먹이듯 궁색한 변명을 늘어놓았다. 노력하면 힘들었다 하고, 정성을 다하면 간섭한다 하고, 그렇게 살면 안 된다고 하면 그렇게 키웠다고 했다. 어른이는 참 뻔뻔했고 감사함을 몰랐다.

요즘 읽은 책에서 나무 박사님은 '아이교육이란 돌보지 않음으로 돌보는 것'이라고 했다. 그 지혜를 진작 알았으면 달라졌을까. 누구보다 순하고 여린 아이가 행여나 험한 세상을 살아갈 수 있을까 늘 마음에 걸렸다. 동생과 가족에 대한 책임감을 심어주기보다 가족에게 너무 얽매이지 말고 세상을 넓게 보고 강하게 성장하라고 말해주었다. 설부르게 자녀 교육의 칼을 쓰다가 자기를 벤 꼴이 되었다. 더 늦기 전에 일찌감치 인간의 속성과 사람의 속마음에 대해 알게 되어 오히려 다행이라는 위로의 처방을 건네받았다. 이제는 '도리'를 기대하는 것조차 사치라는 것을 안다.

그래도 어떻게 사랑이 변하니? 사랑에도 유통기한이 있는 건가 보다. 아이들은 힘이 없는 동안 부모에게 의지하고 그들이 휘두르는 지배력과 통제를 견뎌낸다. 본능적으로 애정을 '레버리지'하며 힘을 키운다. 부모의 힘이 약해지자 아이들은 경제적으로 독립해서 뿔뿔이 흩어졌고 이전의 애정과 관심을 집착이라고 표현했다. 사랑이 집착이 되는 건 순간이었다. 사랑과 집착은 분명 다르지만 받아들이는 사람에 따라 종이 한 장 차이일지 모른다. 이제 집착인지 '집념'인지 '집중'인지 모를 힘을 경제적, 정신적, 지적 독립에 사용할 수 있는 분야로 옮겨 새로운 배움과 적용에 몰두하기 시작했다.

독립과 자유를 위한 투쟁의 역사를 공부하며 인간에게 '경제적 독립'이 가장 중요하다는 것을 알고는 있었다. 그때는 이론이었다면 지금은 그 어느 때보다도 '독립'의 중요성을 절감한다. 경제력을 가지고 노후 대비를 하고 싶었다면 남편만 바라볼 게 아니라 스스로가 노력했어야 했다. 아이들과 가족만 바라보며 소소한 행복의 늪에 빠져 허우적거리기보다 내가 어떤 사람이 되고 싶은지, 무엇을 이루고 싶은지, 우선순위가 무엇인지, 무엇을 버릴 것인지, 어떤 방법을 취할 것인지 냉철하게 판단하고 실행에 옮겨야했다. 껄무새가 되기보다 다시 인생을 시작했다.

오래 전에 이문열의 '연어'를 읽고 인간의 삶도 결국 연어와 다를 바 없다고 생각했다. 별거 없었다. 인생의 전환점은 가장 사랑하고 아끼던 사람들로부터 받은 불신과 배신이었다. 30년 동안 박사학위를 취득해 월급을 받는 경제적 독립인이 되고 아이들을 키우면서 부부로 부모로 살아온 삶이 온통 부정당하는 폭풍우를 당하면서도 속수무책이었다. 그 누구도 해결할 수 없었고 어디서부터 풀어야 하는지도 알 수 없었다. 혼자 견뎌내고 삭일 수밖에 없었다. 내 삶에서 이렇게 어른이 된 적은 없었다. 그 순간 삶 속에 문학이 들어왔다.

글쓰기는 나를 드러내고, 내가 누구이며 어디에 있는지 돌아보는 작업이다. 베인 상처를 꿰매고 치유하는 과정이었다. 얽혀있는 운명의 실타래가 앞으로 어떻게 될지 아무도 모른다. 차근차근 풀릴지, 그대로 굳어버릴지, 수술용 실처럼 녹아버릴지 알 수 없다. 지금까지 가정, 학교, 결혼, 아이들, 논문과 학위라는 수레바퀴를 굴리며 그래도 잘 나아가고 있다고 생각했다. 문득 정신을 차리고 보니 궤도에서 벗어나 있었다. 그리고 이제까지와는 달리 지금까지와는 다른 차원에서 간절하게 부와 자유를 추구하게 되었다.

그 누구에게도 기대지 않고 스스로 홀로 설 수 있는 첫 단계라고 생각했기 때문이다. 가정에서도 직장에서도 설 자리가 없을 때 생계와 생존을 위해 내가 할 수 있는 일이 무얼까. 어이없게도 지금껏 해왔던 역사학이나 문학이 밥을 보장해 주지 못한다는 걸 깨닫게 되었다. 너무 원초적인 질문에 적나라해진 자신이 심히 초라했다. 당당하고 패기 있었던 젊은 나날은 어디로 가버리고, 쪼글쪼글 못나고 실패하고 실수하고 어쩔 줄 몰라 하는 바보가

거기 있었다.

변하지 않는 건 '모든 것은 변한다.'는 사실이다. 사랑도, 신의도, 부모자식 사이도 변하더라. 파산이 시금석이었다. 아이들 각자에게 미리 자산을 마련해주지 않았다면 하루아침에 길거리로 나앉게 되었을 때 똘똘 뭉쳐 서로를 보듬어주었을까. 인간이 할 수 없고 알 수 없는 영역이다. 문제가 해결될 거라는 우둔한 기대와 함께 비겁한 시간은 속절없이 흘렀다.

나는 가차 없이 바닥에 내동댕이쳐졌고 고통을 삼키며 스스로 다시 일어서야 했다. 다시 일어난다는 건 더 이상 내가 할 수 없고, 알 수 없는 일에 연연해하지 않는다는 뜻이다. 정신적, 경제적으로 독립된 인간이 되는 것이 목표다. 이제 털고 일어나서 뚜벅뚜벅 내 길을 가야겠다. (2023년)

도깨비 세상

　책상에 앉았다. 원고 마감일이다. 더 이상 물러설 데가 없다. 누군가 글 잘 쓰는 작가에게 물었다. 어떻게 하면 글을 잘 쓰게 되냐고. 비법은 1년 365일 매일 일정 시간을 정해놓고 책상에 앉아 글을 쓰는 것이었다. 일찍이 본받고자 했지만 그렇게 하지 못하고 있다.
　요즘 들어서 삶을 되돌아볼 일이 많이 생겼다. 내가 뭘 모르는지 몰랐다. 긴가민가 전전긍긍 분주히 분노하다 제풀에 나가떨어진 형상이었다. 확신이 없었다. 차라리 욕심을 내려놓았다면 나와 주위를 돌아보는 여유를 가질 수 있었을 것이다. 경주마처럼 앞만 보고 달려가는 삶은 위험하다. 목표가 잘못되었다면 망하는 지름길로 직행하는 꼴이 될 것이고, 목표가 틀리지 않았고 그럴듯한 목표에 도달했다 하더라도 과정의 즐거움과 행복을 놓치고 누리지 못했을 가능성이 높기 때문이다.

그래서 불교 화엄종에서 그 유명한 말이 나왔나 보다. 열심히 가느라고 갔는데 둘러보니 제자리더라. 해인사 입구 도자기 굽는 찻집 벽 위에 쓰여 있는 구절. 무슨 뜻인가 찾아보았는데 그게 그 말이었다. 차선을 다해 살았어도 후회투성이다. 5학년 중반을 넘어가지만 나는 여전히 신입생처럼 인생이 낯설다. 이번 생에서 나는 단 한 번의 인생을 살고 있다. 이제 남은 생이라도 잘살아야 할 텐데. 무엇을 어떻게 잘살아야 할지 구도의 길 위에 서 있다.

세상과 인간을 다 이해하기에는 내 그릇이 작다는 걸 알게 되었다. 내 그릇에 담기 벅찬 일들이 생긴다. 그래도 담아보고 싶은 게 있어서 그릇을 크게 만들고자 애를 써본다. 이제 와서 그게 될까. 터질 거 같아서, 실패할 거 같아서 두렵다. 그릇은 처음부터 커야 되는 거 아닌가. 의문이 든다. 원효대사의 '일체유심조一切唯心造'에 따르면 '마음먹기'라고 하는데 마음먹기에 따라 그릇은 크게 늘기도 작게 줄기도 하는 건가. 그릇이 아무리 커도 엎어 놓으면 물을 담을 수 없듯이 그릇을 키우려면 일단 자세가 중요하다.

어떻게 보면 인간의 감정이 모든 행복과 불행, 화목과 갈등의 근원이다. 느끼지 않으면 아무 상관이 없는데 그렇게 느끼기 때문에 얽히기 시작하는 것이다. 영화 <이퀼리브리움>에서는 전쟁의 황폐한 역사를 다시 반복하지 않기 위해 모든 인류는 매일 망각약(정신안정제)을 먹고 무감각해지는 정책을 실행한다. 일체 감정을 배제하는 것이 갈등과 전쟁을 방지하는 최선책이라는 결론에 도달했기 때문이다. 감성을 유발할 수 있는 모든 예술품과 인간은 불태워진다. 가족도 의미가 없다. 이게 열반이고 해탈의 길일까.

사람의 잣대와 이해도는 각자의 경험치와 비례한다. 영화 <마이 시스터즈 키퍼>는 미국 소설 『쌍둥이별』을 영화로 만든 것이다. 여기 나오는 변호사 엄마는 불치병에 걸린 딸을 위해 온 삶을 바친 최고의 엄마이자 또 다른 딸의 희생을 당연하게 생각하는 비정한 엄마이기도 하다. 가족이라는 이름으로 동생의 장기 기증을 당연시한다. 영화는 자매간의 깊은 우애가 장기 기증을 합리화할 수 없고, 자매간의 장기 기증이 당연한 게 아니라는 문제의식에서 출발한다.

가족에 대해 다시 생각해 보게 된다. 당연하다고 여겼던 사랑과 효도, 가족의 이름으로 행해지는 압박과 강요, 편견과 집착, 욕심이 어떤 결과를 초래하는지. 가족 안에서 서로 얼마나 많은 상처를 주고받기 쉬운지, 얼마나 깨지기 쉬운지, 한 번 깨지면 어떻게 되는지. 그래도 국가와 사회의 기본 단위는 가족이고 가정이다. 요즘 싱글로 1인 1가구(세대)가 늘어나는 추세이다. 대안 가정을 주장하는 사람들도 있긴 하지만 어떻든 부모 없이 하늘에서 뚝 떨어진 사람은 없다.

고아원보다 위탁가정을 선호하는 것은 그래도 보육원보다 가족이 낫다는 의미다. 힘없는 어린아이가 가족 시스템이나 부모에게 이의를 제기하기는 어렵다. 아이는 한 치의 의심 없이 부모를 믿고 전적으로 의지하기 때문이다. 부모는 아이에게 강자로 군림하기도 하고, 봉사하고 희생하기도 하고, 약자가 되기도 한다. 결국 어떻게 운영하는가의 문제이다. 오늘날 많은 아이들과 어른들이 정신적 트라우마에서 벗어나지 못한 채 심리치료를 필요로 하고 있다. 사람이 문제다.

친부모든 대리모든 부모와 자식은 뼈를 주고 피와 살을 나눈 혈맹이다. 탯줄은 끊었지만 유대관계는 끈끈하다. 핏줄이 땡긴다(당긴다)는 말이 있듯이 핏줄은 강력하다. 오죽하면 피에 줄이 있다는 뜻의 '핏줄'이라는 어휘가 생겼을까. 그렇지만 핏줄이 다는 아니다. 부모라도 완벽하지 않다. 최선을 다하려고 노력하지만 때로는 남보다 못한 20~40년 먼저 태어난 한 인간일 뿐이다. 책『이기적 유전자』에서는 부모의 희생을 이기적 행동으로 규정한다. 자식에 대한 무조건의 사랑과 헌신이 사실은 자신의 유전자를 보존하기 위한 행위라고 주장한다.

우리는 모두 이기적이다. 남보다 못한 핏줄도 적지 않다. 대의나 명분, 심지어는 이익을 위해 핏줄을 희생시키기도 한다. 아집을 버리는 대신 핏줄을 버리기도 한다. 아수라장이 따로 없다. 영화 <아일랜드>에 나오는 세상에서는 아프거나 노쇠해진 사람들을 위해 복제인간을 만들고 장기를 적출해서 이식하는 행위를 당연하게 여긴다. 복제인간은 알면서도 체념한 채 평생 장기를 기증하다 고통스럽게 죽어간다. 인간은 수명을 연장하고 건강하게 유지하기 위해 복제인간을 '사육飼育'한다. 영화 <아일랜드>는 복제인간을 인간으로 볼 것인지, 장기로 취급할 것인지. 장기적출을 어디서 멈추면 인간적인 것인지 문제를 제기하고 있다.

인간은 신의 복제품인가 대체재인가. 인간의 고통은 어디서 오는 것인가. 신이 인간과 세상을 만들었다면. 신이 만든 인간 세상이 완전하지 않다면. 신도 완전하지 않다는 뜻이다. 인간에게 자유의지는 축복일까 저주일까. 인간은 불완전한 상태에서 매 순간 선택에 직면하고 책임져야 하며 그에 따른 고통을 피할 수 없다. 신은 무한 애프터서비스정신으로 인간의 고통에 책임져야 한다. 신앙과 예배는 인간 세상의 고통을 알아달라는 아우성이자 구해달라는 기도다.

드라마 <도깨비>는 '간절한 기도'에서 출발한다. 삼신할머니는 아이를 가진 젊은 엄마에게 살짝 귀띔해 준다. 절체절명의 순간에 기도하라고. 간절하게 기도하면 혹시라도 마음 약한 신이 들어줄 수 있다고. 그 믿음이 인간의 생사와 운명을 바꾸어놓으면서 인생 드라마가 시작된다. '인간의 간절함'이 통하지 않는 곳이나 뚫지 못할 곳은 없었다. 설령 그곳이 저승사자의 사무실이라 하더라도. 아무것도 하지 않으면 아무 일도 일어나지 않는다. 촛불이나 향불이라도 켜서 소원을 빌어야겠다.

가장 이기적이고 가장 숭고한 기도를 올릴 것이다. '기억과 망각'은 신의 저주이기도 축복이기도 하다. 참으로 모든 것은 이중적이고 복합적이다. 그래서 불교에서는 절집에 불이문, 해탈문을 만들어 극락세계로 가는 입구로 삼았나 보다. 은혜와 원수, 신뢰와 배신, 사랑과 증오, 효도와 불효, 부와 가난, 우등과 열등, 기억과 망각은 둘이 아니라 하나다. 인간이 아름다운 건 나아지려고 끊임없이 가꾸고 노력하기 때문이다. 열심히 닦으면 '해인海印'의 경지에 이를 수 있을까.

이런저런 신이 많지만 그래도 예수와 지장보살이 가장 아름답고 매력적이다. 진흙탕에서 피어오른 연꽃들은 찬란한 슬픔을 머금은 채 미소 짓는다. 수고하고 짐 진 자들아 모두 내게로 오라 손짓한다. 이제 움직여야 한다. 간절함이 모든 걸 해결해 주지는 않는다. 기도하든, 글을 쓰든, 산에 오르든, 길을 걷든, 행동에 나서야 한다. 한 번이라도 가질 수 있었음에 감사하고, 소중한 추억에 감사하고, 담대하고 의연하게 살아남아서 감사하다. 마음먹기에 달렸다. (2021년)

폭풍우에서 살아남은 사람들

　586세대. 현재 기준 1960년대에 태어나 1980년대 학번으로 대학을 다닌 50대 중반~60대 중반의 세대를 일컫는 말이다. 58년 개띠들을 대표적인 베이비붐 세대로 알고 있었는데, 2차 베이비부머로 분류되는 1964~74년생들도 만만치 않게 많았다. 많은 인구로 구성된 세대니만큼 사회에서 차지하는 영향력도 커서 일정한 트렌드를 형성한다. 이미 정년 쓰나미는 시작되었다. 뿐만 아니라 이 두 집단의 은퇴를 계기로 2025년이 되면 우리 사회는 65세 이상 인구가 전인구의 20%를 차지하는 초고령사회에 접어들게 된다. 프랑스는 115년 만에, 일본은 35년 만에 초고령사회로 접어들었지만 대한민국은 25년 만에 초고령사회가 된다. 오래 사는 사람들은 많아졌지만 결혼·출산·출생은 기록적으로 낮아지고 있다. 3인 이상으로 구성된 핵가족보다 독신·졸혼·이혼·사별·분가로 인한 1인 가구가 증가하고 있는 추세다. 1인 가구의 증가는 '독거노인' '고독사'라는 사회문제를 야기하고 확대시킨다.

'초고령사회'는 여러 가지 사회문제를 안고 있다. 가장 발등에 떨어진 불이 '노후 대비'다. 예를 들어 시간강사 경력은 20년이 넘지만 비정규직이었기에 경력으로 인정받지 못했고 따라서 월급이나 연봉, 연금에도 반영되지 못한다. 문학석사·문학박사 학위를 받느라 정규직 취직이 늦어져 교수로 65세 정년까지 근무해도 사학연금을 받을 수 있는 근무연수가 부족하다. 사학연금을 받더라도 금액이 중고교 교사의 3분의 2에 불과하다. 더 내고 더 받으니 국민연금보다는 낫겠지만 불안하지 않기 위해, '생존과 존엄'을 생각해서 '노후'를 준비해야 한다. 옛날에는 가족, 부모와 자식들이 서로 울타리가 되었고 보험이 되어주었다. 부모가 자식을 돌보고 자식들이 부모를 모셨다. 이제 100세 시대 초고령 사회에서는 누가 누구를 개인적으로 끝까지 보살펴주기가 힘든 상황이 되었다. 현직에서 은퇴한 60대 자식이 경제적으로, 신체적으로 90대 부모를 보살펴야 하는 상황에 직면했기 때문이다.

이전 수명이 짧았던 시대에는 상상할 수 없는 일이다. 새로운 트렌드다. 각박한 시대와 세태가 일반적인지 지금 젊은 세대는 부모에게 받은 만큼 기꺼이 갚거나 돌려주려 하지 않는다. 결혼 전 예비 신랑·신부는 양가 부모가 퇴직 후에도 스스로 살아갈 경제력이 있는지 '부모 리스크'를 체크한다. 부모는 자신들의 노후 대비에 더해 경제적으로 독립하지 못하는 '자녀 리스크'를 걱정해야 한다.

'노후대비'에서 가장 중요한 것은 '홀로서기'다. 90년, 92년에 출생한 두 아들은 베이비붐 세대가 낳은 아이들이라 거의 최대 인구를 이루었고 그만큼 경쟁도 심했다. 90년대~2000년대 분당은 하늘 아래 천국이라고 할 만큼 아이들 키우기에 최적의 환경이었다. 이전에는 존재하지 않았던 쾌적한 도시 설계, 아파트 단지와 단지 사이에 공원을 조성하고 이 공원들이 연결되게 조성한 대규모 신도시였다. 아파트 대단지라는 점은 비슷했지만 아이들 키우기에는 분당이 서울보다 더 적합한 환경이어서 마음에 들었다. 당시 서울 아파트 단지는 주차가 메인이었고 놀이터는 구석에 놓여있어서 아이들이 노는 현장이 잘 보이지 않았다. 반면 분당은 이미 30~35년 전에 중앙공원을 중심으로 각 아파트 단지 사이로 차 없는 도로와 도로가 이어져 노인들이 걷거나 아이들이 놀기에 안전하고 자연과 더불어 사람답게 살기에 적합한 구조로 공원화되어 조성되었다. 아이들이 학교 가거나 공 차러 나가거나 자전거를 타러 나가도 아무 걱정 없이 잔소리하지 않고 내보낼 수 있었다. 너무나 멋진 삶이었다. 밥 먹고 어둠이 내리는 단지를 아이들과 함께 안전하고 마음 편하게 산책할 수 있었다. 그렇게 아이들의 중고등학교 진학 시기가 다가왔다.

지금도 그렇지만 당시에도 최대 학군지는 강남구 '대치동'이었다. 어느 날 아이들에게 대치동 아이들에 대해 물어보았다. 분당에 사는 우리가 "어떻게 대치동 아이들을 이길 수 있겠어요?"라는 대답이 돌아왔다. 어리고 잘 알지 못하면서도 아이들은 이미 대치동이라는 명성에 눌려 주눅 든 목소리로 대답하며 자신감이 없었다. 아직 해보지도 않았는데 이게 뭐지? 그래서 대치동으로 이사 가기로 결심했다. 어디서든 할 수 있다는 마음가짐이 없다면 그곳에 가서 직접 부딪혀보면서 환상을 깨야지. 이후 남편을 설득하는 데 한참 걸렸다. 너무나 힘들었지만 결국 배정받을 초등학교나 중학교까지 대치동 아파트 단지로 이사했다. 그렇게 대치동 열혈 엄마가 되어 공부하는 틈틈이 학원 설명회, 학부모회에 나가면서 아이들을 키웠다. 아이들은 각각 명문인 중동고, 휘문고를 졸업하고 명문 사립대에 진학했고 대학원까지 졸업했다. 이렇게 정신없이 내 일과 아이들을 챙기는 가운데 남편과 영화 보고 여행 다니며 세월은 흘러갔다. 별일 없이 그렇게 평온한 삶이 지속되었고 앞으로도 그럴 줄 알았다. 적어도 표면적으로는 화목하고 단란한 가족이었다.

그러나 안으로는 암이 자라다 못해 곪아 터지고 있었다. 문제가 생겼지만 그들은 문제를 해결하기보다 덮고 외면하는 쪽을 택했다. 어쩜 그리 한통속인지. 사업이 어려워지면서 갑자기 집을 비워주고 이사를 해야만 했다. 냉혹한 현실과 세상에 내팽개쳐졌음을 실감했다. 살다가 망할 수는 있다. 문제는 가장 믿었던 사람들로부터 신뢰를 얻지 못하고 외면당했다는 사실이다. 위기의 순간에 그들은 뭉치기보다 뿔뿔이 흩어졌다. 생존본능이었다고 이해하려했다. 부끄러움을 뛰어넘는 본능 앞에서 선악은 의미가 없었다. 각자 제 갈 길을 가느라 천륜과 인륜마저도 저버렸다. 그렇게 조화와 균형을 잃고 깨진 가족은 무례한 언행을 자행했고, 패배자와 약자를 멸시하는 원시인, 문제를 외면하는 비열한 현대인을 마주하며 타인임을 실감했다. 지금 와서 그런 선택이 최선이었냐고 묻는 것은 의미가 없다. 힘겹게 눈을 떠 삶을 되돌아보고 업보나 과보를 되새김질할 뿐이었다. 하염없이 헤맸다. 현실을 받아들이고 견뎌내야 했다. 마음과 영혼에 치명상을 입자 증상과 병명이 명확해질 정도로 건강이 악화되었다.

한 번도 혼자였던 적이 없었으니 50대에 강제로 '홀로서기'를 해야 했다. 결혼생활로부터의 독립, 진정한 의미에서 홀로서기였다. 돈이 다가 아니지만 돈이 없으면 자신과 가족을 보호할 수 없다는 걸 깨달았다. 인간성은 바닥에 떨어졌고 자아는 흉하게 일그러졌다. 우리 가족에게는 그런 일이 일어나지 않을 거라는 막연한 자신감은 진흙탕 속에 쳐박혔다. 그럴 리 없다고 굳게 믿었지만 있을 수 없는 일들이 성난 파도처럼 사정없이 밀려 들어왔다. 결코 그런 행동을 할 리가 없고, 그런 일을 할 사람이 아니라고 생각했던 가족이 그러더라. 전형적인 배신에 예외는 없었다. 더 늦기 전에 깨달아서 그나마 다행이었다. 가족 간의 힘의 균형이 깨진다는 것은 드라마나 왕실에서만 일어나는 일이 아니었다. 그때까지 도저히 이해할 수 없었던 동서양의 수많은 비극적 역사와 사건들을 순식간에 이해하게 되었다. 신들도 제멋대로인데 하물며 인간은 오죽하랴.

카인이 왜 아벨을 죽였는지. 야훼가 왜 세상을 홍수로 멸망시키고 노아의 핏줄로 다시 시작했는지. 에서와 야곱의 어머니, 이삭의 아내 리브가(레베카)가 왜 장남 에서보다 차남 야곱을 더 사랑했고, 어떻게 이삭의 후계자를 에서에서 야곱으로 바꿔치기했는지. 고구려 우왕후가 왜 다음 왕위계승자로 시동생 발기가 아니라 연우를 선택했는지. 당나라 측천무후가 여러 명의 친아들을 두었음에도 왜 황제인 아들을 폐하고 스스로 황위에 올랐는지. 조선시대 대왕대비 정희왕후(세조의 비)가 여러 손자 가운데 왜 성종을 왕위계승자로 선택했고, 왜 다른 손자들과 종친들을 쓸어버렸는지. 헨리 8세가 왜 그렇게 많은 부인을 맞이하고 또 죽였는지. 영조와 영빈 이씨가 왜 아들 사도세자를 폐기했는지. 혜경궁 홍씨가 왜 남편을 포기했으며 피눈물로 얼룩진 두 번째 『한중록(閑中錄 또는 恨中錄)』을 써 내려갔는지. 정조가 어머니 혜경궁 홍씨의 무언의 압력에도 왜 외가를 끝까지 신원해 주지 않았는지. 태종 이방원이 1차 왕자의 난에 성공과 권력 장악, 왕위 즉위에 결정적 역할을 했던 원경왕후를 왜 유폐시키고 처남들을 죽음으로 내몰았는지. 인조가 왜 장남 소현세자와 며느리 강빈, 그들의 손자들까지 죽음으로 내몰았는지. 성종과 중종은 왜 그럴만한 죄를 짓지 않았음에도 각각 왕비와 후궁(빈)를 폐위시키고 사약을 내렸는지. 슬프게도 이제는 이 모든 것이 가능하고 인간성의 한 부분이라는 것을 알게 되었다. 가장 믿었던 자들로부터 동시에 배신당하는 가혹하고 험한 일을 당하고 나니 세상에 이해 못할 일이 없어졌다.

시간이 흘렀다. 3년 6개월간 폭풍우 치던 마음은 좀 가라앉고 바다는 다시 잔잔해졌다. 그동안 신부님, 스님, 심리학자를 통해 인간의 심리와 세상이치에 대해 배우며 마음을 다스려 나갔다. 이 과정에서 아이러니하게도 내가 싫어하던 '유학·유교의 가치'를 재발견하게 되었다. 유학에는 단점을 상쇄하는 나름의 중요성과 탁월한 기능이 더 많다는 것을 알게 되었다. 왜 부모상을 3년으로 했는지, 왜 예절과 도리, 효도를 중요시했는지, 왜 성선설과 성악설이 있는지 명확하게 인식하게 되었다. 유학이 오랜 기간 영향력을 발휘했던 데에는 상당한 이유와 정당성이 있었다고 본다.

볼 거 못 볼 거, 산전수전 다 거치면서 나도 그들도 살아남았다. 첫째는 성공적인 변호사 시절을 마무리하고 남의 죄를 저울질해 판결 내리는 법관이 되었다. 둘째는 대기업 연구소에 다니며 결혼해 아내를 우선시하는 남편이 되었다. 남의 편은 여전히 말이 없다. 가족이라는 미명은 모래알이 되어 손가락 사이로 빠져나간 지 오래였다. 대화가 없으니 소통도 없고 관계도 단절되었다. 마음이 심하게 꼬이고 차갑게 식은 가운데 해결책은 여전히 안개 속이다. 불화의 속성은 암과 같아서 치료된 듯이 보이지만 늘 전이의 위험성을 내포하고 있다. 남은 평생 얼러가며 함께 가야 한다. 화학치료를 하거나 수술로 도려내야 할 수도 있다. 다시는 악연으로 만나지 않게 사람과 상황을 관조하되 예의로 대하고 가능한 복을 짓고 공덕을 쌓아갈 뿐이다. 이 정도라도 했으니 선방했다 여기며 스스로 위로해 본다.

과연 평화가 찾아올까. 평화의 시대는 언제까지 지속될 수 있을까. 연꽃은 진흙탕 속에서도 의연하고 아름답게 피어난다. 그렇게 믿고 싶다. 나와 그들은 각자 잘살고 있다. 마치 아무 일도 없었다는 듯이. 보이지 않는다고, 언급하지 않는다고 없었던 일이 될 수 있을까. 정리와 마무리가 있어야 새로운 시작도, 새출발도 있는 법이다. 정리가 되지 않으니 개운하지 않다. 문제를 제기하지 않으니 해결책도 나올 수 없다. 그들은 여전히 비협조적이고 나는 마음 문을 열 기력이 없다.

이제 100세 시대다. 건강과 경제력, 좋은 관계를 구축해 가며 홀로서기를 준비해야 하는 시기다. '홀로서기'를 잘하는 사람이 '함께하기'도 잘하는 법이다. 모든 관계는 '시절인연'이니 연연해할 필요가 없다. 담백하고 쿨해야 한다. 불교 세계관에 자주 가까워지고 있는 자신을 발견한다. (2024년 9월 경산 성암산 자락에서)

내 마음의 안식처

    마음의 안식이란 스트레스 해소를 넘어서 마음의 안정을 뜻한다. 마음을 안정시키기 위해서는 제때 자기 할 일을 하는 것이 가장 좋다. 해야 할 일을 미루고 있으면 놀더라도 마음이 불편하다. 일하는 것보다 못하게 된다. 대체로 그 일이 싫거나 버겁거나 도전하기 두려우면 회피하고 미루게 된다. 그럴수록 더 불안해진다. 마음의 안정을 회복하기 위해서는 좋아하는 일, 해야 하는 일에, 현재에 집중하는 것이 최고다.

    몇 년 동안 교회 성가대에서 활동했다. 노래는 잘하지 못 하지만 스트레스와 답답함을 노래로 뱉어내고 삭여내면 가슴이 시원해졌다. 가까이에서 성악 전공자들과 노래 잘하는 사람들의 화음과 음색을 들을 수 있어서 너무 좋았다. 영혼이 정화되는 느낌이었다. 그때는 노래가 나의 안식처였다. 그러나 몇 년 뒤 다시 폭풍우가 몰아쳤을 때 노래는 더 이상 해결책이 되지 못했다. 그건 현실의 문제를 해결하는 방법이 아니라는 것을 깨달았다. 이러고 있을 때가 아니었다. 시간이 아까웠다.

현실의 문제를 해결하기 위한 방법이라고 생각되는 주제에 대해 공부하기 시작했다. 오랜만에 전공 논문이 아닌 다른 책을 엄청 읽었고 일부는 독서 후기까지 작성했다. 조사도 했고, 답사도 했고, 보고서도 썼다. 힘들었지만 아이러니하게도 힘들지 않았다. 모르는 것을 알게 되고 내게 직접적으로 도움이 되는 경험을 쌓는다는 확신이 있었기 때문이다. 희망 찾아 삼만 리를 걸으며 단련을 통해 고통을 씻고 상처도 아물어갔다.

낯선 도시를 걷고 산을 오르는 것은 사람을 긴장시킨다. 새로운 풍경은 신기하지만 길을 잃지 않고 넘어지지 않으려면 정신을 집중해야 했다. 그래야 몸을 성하게 보존할 수 있기 때문이다. 나를 일으켜 세우기 위해 몸을 움직이고 조금씩 한계를 넘어 스스로를 밀어붙였다. 그 순간만은 아무 생각도 나지 않았다. 그냥 할 뿐이었다. 무념무상, 몰입의 시간이었다. 그렇게 무아지경이 되면 자연히 마음은 평안해진다. 몸은 힘들지만 마음은 평안했다.

그래서 계속 움직였고 해보니 할 수 있었다. 영화 '포레스트 검프'에 진심으로 공감한다. 그가 왜 몇 년 동안 그렇게 뛸 수밖에 없었는지 이제는 좀 알겠다.

지금도 인생의 기로에 서 있다. 위기가 다가오고 있고 난관을 마주해야 한다. 도피할 수 없고 직면해야 한다. 진작 준비했더라면 좋았을 걸. 하지만 인간사 내 마음대로 되는 일이 얼마나 있던가. 지금이라도 늦지 않았다는 정신으로 매진할 수밖에 없다. 지난 무더위를 그렇게 보냈다. 시간은 정말 빨리 흘렀고 그렇게 흐름 속에 빠져들었다. 시간이 어떻게 지나갔는지 기억나지 않는다. 그 속에 안식처가 있었다. 결코 안식하지 않는데서 안식처를 찾았다.

시간 보내는데 가장 좋은 것은 영화, 드라마, 다큐, 유튜브다. 여기에 책과 만화책, 등산과 산책도 포함할까. 시간을 의미 있게 보내려면 이 방법들을 유익하고 적절하게 활용해야 한다. 잘못하면 내 귀중한 시간을 먹혀버리게 된다. 시간을 낭비하거나 잃어버린다는 것은 수명이 짧아지는 것과 같다. 영상매체는 도피기제로도 안식처로도 활용될 수 있다. 칼과 말, 독과 약의 쓰임새랑 비슷하다. 양면성. 결국은 어떻게 하느냐의 문제이다. 인생은 진정 파도타기인가. 잘못하면 순식간에 물에 빠져버린다.

고통스럽다. 닥친 문제를 해결할 수 있을까. 유튜브 신전을 방문했다가 김창옥 강사님, 법륜스님, 자현스님, 황창연 신부님, 김미경 강사님, 아트인 문학 시리즈 김태진 작가를 만났다. 인생의 쓴 맛과 인간성의 메커니즘에 대해 알게 되었다. 모르고 있던 사실을 배우고 깨달았다. 재미있고 유익했다. 자현스님 강의를 듣고 불교 역사와 인물, 불교사상의 체계를 잡을 수 있었다. 김태진 작가의 설명을 들으며 유럽사와 중요 인물의 체계를 잡을 수 있었다. 그렇게 귀중한 시간을 지불하고 안식처를 찾아다니며 무지의 밧데리를 충전했다.

책, 영상, 발로 맛보는 여행, 맛있는 음식, 잠, 안전한 집과 정원, 걷기, 바다, 산, 봄의 새싹과 여름의 녹음, 가을의 선선함, 아름다운 영상, 영혼을 울리는 음악, 시간 가는 줄 모르는 이야기, 따뜻한 가족, 친구, 동지, 이 모든 것이 내 마음의 안식처다. 강렬하고 선명한 색상도 '해와 바람과 비와 시간'을 함께 하며 파스텔톤으로 겸손해진다. 마음의 안식처는 산재해있고 유효기간이 있다. 붙들어 맨 줄 알았던 시간은 신기루처럼 뜨거운 열기만 남긴 채 승화되었다. (경산 성암산 자락에서 2023년 9월 23일)

행복에 이르는 길

몇 주 전 여기작가회 모임을 가졌다. 각자의 근황을 전하는 자리에서 "고통스럽습니다. 다음 생이 주어진다면 다르게 살고 싶어요."라고 토로했다. 그 말에는 윤회를 통해 다음 기회를 바라는 마음이 깔려있었다. 전생에 무슨 잘못을 했기에 이생에서 이토록 고통 받나, 기꺼이 벌 받으며 감내하면 내생에서 좋은 인연 많이 만나 오랜 시간 함께 행복할 수 있을까.

가족에게 일어난 일, 가장 사랑했던 사람들의 배신, 신뢰할 만한 사람이 아니었나보다 자책하며 괴로워하던 차에 내 차례가 돌아오자 가슴에 맺혀있던 걸 그대로 내뱉고 말았다. 지금 후회해도 소용없지만 말이다. 3년이 지나 괜찮아졌다고 생각했지만 여전히 아프다는 걸 알게 된 순간이었다. 덕분에 괴로움에 대한 객관화가 가능해졌다.

지금 난 더 이상 그 일로 괴롭지 않다. 전생, 내생, 윤회, 업보에 대한 바른 가치관을 정립할 수 있었기 때문이다. 세월이 약이 되기도 했고 깨달음도 얻었다. 이번에 집중적으로 보았던 중국 드라마, 법륜스님, 자현스님의 말씀이 많은 도움이 되었다. 괴로움의 원인이 어디에 있는지, 어떻게 하면 괴롭지 않을 수 있는지. 올바른 마음으로 매 순간 욕심을 버리면 행복을 얻는다고 한다.

모든 것은 변한다. 당연한 것은 없다. 운명도 변할 수 있다. 지금의 내가 미래의 나를 결정짓는다. 지나간 일은 어쩔 수 없다. 무상·무아·무애·무념. 무념과 일념, 집념과 해탈을 생각해 본다. 서로 통일까 불통일까. 1년, 3년, 6년, 10년, 20년, 30년이 넘어서야 결국 아무것도 아닌 일에 울고 괴로워하고 민폐를 끼쳤다는 것을 알게 되었다. 좀 더 지혜로웠다면 덜 부르짖고 덜 아파했을 텐데.

잘못이 무엇인가를 분별하고 반성해서 개선하고 싶었다. 다음에는 같거나 비슷한 잘못을 반복하지 않기 위해, 괴롭지 않기 위해, 행복하기 위해. 그러나 어차피 우리는 불완전한 존재이니 잘못을 저지르거나 오해할 수 있다. 이를 인식하되 고통에서 벗어나고자 하는 욕심을 버리면 역설적이게도 괴로움에서 벗어날 수 있지 않을까.

삼생삼세三生三世는 일반적으로 전생, 이생, 내생을 일컫는다. 생에는 1~2번의 기회가 더 있다는 뜻이다. 혹자는 7번의 환생을 말하기도 한다. 운명은 있으되 정해져 있지 않다. 자리를 바꿀 뿐 비슷하게 반복되거나 좋게 개선되기도 한다. 최선을 다해 노력하되 인간의 힘으로는 결과가 어떻게 될지 알 수 없으니 현재를 받아들이거나 현실에 힘껏 저항할 뿐이다.

그렇다면 지금 할 수 있는 것을 하거나 하지 않아야 하는 것을 하지 않는 것, 원도 여한도 없도록 사는 것이 내가 할 일이다. 그러니 고민하거나 주저하기보다 일단 해보자. 절제하되 과감해야 한다. 지혜와 용기 모두 필요하다. 평정한 마음이 오래 지속되기를, 두려움을 떨치고 용기를 내어 나아가기를 기도한다.

작년 겨울 중국 드라마를 보기 시작했다. 윤회와 환생의 개념에 이끌렸다. 거기서 문제와 고통에 대한 해답을 찾고자 했기 때문이다. 고통을 잊는 시간, 공감하며 통곡하는 시간이기도 했다. 중국 선협물을 좋아하게 되었고 배우의 얼굴과 이름을 찾아보기도 했다. 기억에 남는 작품은 <영안여몽寧安如夢> <삼생삼세 십리도화三生三世 十里桃花> <장상사長想思> <동궁東宮> <성한찬란 월승창해星漢燦爛 月勝滄海> 등이다. 제목도 심오하고 멋지다.

세계와 신들에게도 층위와 권력이 작용한다. 신들과 마왕, 요괴 조차도 반드시 대가를 치러야 한다. 강력한 번개(벼락)는 신으로 오르기 위한 시험이자 잘못했을 때의 벌로 작동한다. 실패와 고통은 성공으로 가는 길에 꼭 거쳐야 하는 통과의례임을 새삼 깨닫게 된다. 세상과 사람들, 나 자신도 내 뜻대로 되지 않는다는 이치를 알고 받아들이고 견뎌야 할 때가 있다. 의식하지 않고 살았던 때가 좋은 때였는지, 무지가 인과로 작용했는지 알 수 없다.

(2024년 2월)

망고는 날개를 달고

 장마철에 후덥지근한 여름이 계속된다. 맑고 밝게 개인 아침이 지나면 찜통더위가 시작되겠지. 세차게 빗줄기 쏟아지는 장마전선에 집밖에 나서기가 불편해진다. 그럼에도 다양하게 날씨가 변하는 지역에 살고 있어서 지루하지 않음에 감사한 마음도 든다. 시간의 변화와 순환을 느낄 수 있기 때문이다.
 여름하면 과일이다. 열대야와 한여름을 지나다 보면 열대과일이 생각난다. 요즘 망고는 동네 마트에서 비싸지 않은 가격으로 팔고 있다. 열대과일 망고가 시중에 나오기 시작한 건 13년 전 즈음이다. 그땐 상대적으로 비싼 가격이어서 내 돈 내고 사 먹기에는 선뜻 손이 나가지 않았다. 하지만 특별한 경우에는 특별한 용기를 내게 된다. 논문 심사 선생님들에게 특별한 성의를 보이고 싶어 망고를 사서 접시에 올렸던 날이 그런 날이다.

망고는 비싸고 고급스러운 과일이라는 이미지가 있다. 그래서 그런지 아직도 '내 돈 내 산'이 잘되지 않는다. 그런데 우리 집에도 최근 '신문지에 꽁꽁 싸인 망고'들이 우리 집 냉장고 안에 옹기종기 자리 잡았던 적이 있다. 친정에 갔을 때 망고를 맛있게 먹었는데 집에 가서 먹으라고 아버지가 여러 개 챙겨주셨다. 무거운 물건을 들면 몸이 아프게 되고 또 잘 잃어버리기에 물건을 잘 들고 다니지 않지만 그날은 들고 왔다. 맛있기도 했지만 무엇보다 아버지의 정성이 담긴 망고 포장 때문이었다. 하나하나 신문지로 싸놓은 망고에서 세심하고 따스한 마음이 전해졌다.

여러 날이 지나 문득 김치냉장고 서랍에서 신문지에 싸인 망고를 발견했다. 식재료를 신문지로 싸놓으면 장기간 보관할 수 있고, 섬세한 과일을 멍들지 않게 최대한 감쌀 수 있다. 아싸 좋구나. 시원하고 달콤한 망고를 먹으며 챙겨주신 부모님의 마음을 느낄 수 있었다. 유선형으로 매끈하고 부드러운 망고의 코어 씨는 넓고도 단단했다.

망고빙수는 십수 년 전 대만 여행에서 맛보았던 진귀한 별미였다. 국내에 막 상륙한 새로운 열대 과일빙수였다. 대만여행은 한국사 선생님들과 함께 독립운동유적지를 찾아 떠난 답사였다. 일정에 없었기에 '센과 치히로의 행방불명'의 모티브가 된 지우펀에 가보지 못한 아쉬움이 크다. 그렇지만 대만 여행에서 맛보았던, 강렬한 노란색 눈꽃으로 달콤하게 녹아내리던 이국적인 망고빙수의 풍미는 잊을 수 없다. 그 맛을 잊지 못해 귀국해서 망고빙수 파는 가게를 한참 찾아다녔다. 당시에는 망고 빙수 하는 집이 드물었고, 간혹 있어도 그 맛이 아니었다. 찐 망고빙수를 먹고 싶어서 대만에 다시 가보고 싶었을 정도였다. 한동안은 대치동 집에서 가까운 도곡동 타워팰리스 인근 파리크라상을 찾아 망고빙수를 즐기곤 했다.

여름이면 시원한 화채와 빙수를 찾게 된다. 더 좋은 건 둘을 합쳐놓은 과일빙수다. 지금은 팥빙수도 좋지만 그 전엔 과일빙수를 더 좋아했다. 1980년대 과일빙수하면 단연 이화여대 앞 가미분식에서 팔던 수박빙수와 딸기빙수가 으뜸이었다. 가미분식에서 파는 가미우동과 주먹밥도 정말 맛있었다. 80년대부터 지금까지 수 십 년이 흘렀지만 그 정도 퀄러티를 지닌 스테디셀러 맛집을 보지 못했다. 지금은 덜하지만 졸업하고 결혼하고 아이를 키우는 와중에도 생각이 나서 종종 남편과 함께 찾아갔을 정도였다. 586세대 가운데 아는 사람은 안다. 여친 손에 이끌려 자주 들었던 가미분식에서 여신(부인)과 함께 가미우동과 수박빙수, 딸기빙수를 먹었을 수많은 남친들과 남편들은 지금도 친구이고 내 편인지 궁금하다.

다시 망고 주제로 돌아와서. 요즘은 새로운 망고를 조심스럽게 탐구하고 있다. 망고쌤과 함께 하는 배움터이자 동호회다. 로고도 과일 망고를 활용한 디자인이다. 뭐지? 싶었는데 서프라이즈~ 알고 보니 망고는 望高였다. '높은 곳에서 멀리 내다보다'라는 뜻으로 '실행을 이끌어내는 통찰력'을 상징한다고 한다. 각자의 꿈을 향해 가는 길에 비슷한 관심을 가진 사람들과 함께 하는 모임이다. 코어를 단단하게 다지고 현재를 발판 삼아 미래로 도약하는 활력소로 삼고 있다.

망고에 대한 추억은 다양하고 우리의 기억도 마음도 길도 이어져 있다. 앞길이 막혀 있는 것처럼 보여도 가까이 다가가 보면 길이 보인다. 길은 길에 연하여 끝이 없고 길이 없다면 내가 길을 만들리라. 그렇게 길은 이어져 있음을 믿고 길 위에 서서 앞으로 나아간다. (2024년 7월 20일 선릉에서)

피자와 녹두빈대떡

피자는 미국인들이 즐겨 먹는 음식이다. 미국에 이민 온 이태리인들의 음식이 미국화되고 대중화된 음식이 피자다. 한국에 들어온 피자는 우리 가족 식생활의 별미였다. 부산에 살 때는 '피자헛'을 애용했는데 주로 패밀리 레스토랑 형식의 매장에 가서 먹었다. 남편이 인천으로 발령받아 갔을 때는 '도미노피자'였다. 이때는 배달 또는 포장해 와서 집에서 먹었다. 도미노피자 매장이 포장 중심이었기 때문이다. 대치동과 분당에 살았을 때는 '빨간모자피자'를 애용했다. 그러다가 회현동에 살 즈음에는 특히 정현이가 피자를 좋아해서 '파파존스피자'를 애용했다. 난 '미스터

피자' 새우 토핑에 뿌려진 특유의 향료가 맛있어서 새우피자를 좋아했다.

피자를 처음 먹었던 기억은 신촌 대학가 레스토랑에서였다. 그때 먹었던 피자는 얇은 피자였다. 1988년 졸업 후 부산에서 결혼하고 신혼살림을 시작했다. 당시 미군 부대를 출입하며 사업을 하던 외가 친척이 있었다. 이분을 통해 가끔 부산진구에 있었던 미군 부대 하야리아 구내식당에서 맛있는 스테이크를 먹고 집으로 돌아갈 때는 엄청 커다란 피자를 포장해 왔다. 지금 생각해도 엄청난 크기의 피자였다. 다양한 외식이 발달하지 않았던 당시로서는 매우 진귀한 경험이었고 별미였다.

미군부대 내 식당에는 미군들도 있었다. 어린 민기는 그동안 '튼튼영어' '윤선생 영어'와 같은 학습지 영어 테이프로 단련된 회화 실력을 발휘했다. 외국인에 대한 두려움이나 주저함 없이 아는 대로 대화를 이어나가는 모습이 대견했다. 이 장면은 외할머니에게 깊은 인상을 주었고 기특하다는 칭찬을 들었다. 손자의 활약은 할머니를 통해 여러 번 회자되었기에 이 장면은 내게도 인상 깊게 남아있다. 아이에게 말을 걸고 시간을 내어 대화를 이끌어가던 미군의 친절함이 따뜻한 추억으로 떠오른다. '피자'라고 하면 하야리야부대 구내식당에서 포장해온 엄청난 크기의 피자, 미군과 영어 회화를 이어가던 귀여운 민기, 그런 손자를 흐뭇하게 지켜보던 할머니의 모습이 아련하게 떠오른다.

한국 내 미군 부대 가게에서 겨우 구할 수 있었던 피자가 한국에서 대중화된 프랜차이즈로 유행하기 시작한 것은 성신제가 들여온 브랜드 '피자헛'에서부터였다. 부산에도 피자헛이 생겨서 포장도 해올 수 있었다. 매장에 직접 가서 금방 나온 뜨거운 파자를 잘라 치즈가 주욱 늘어지는 조각을 베어 먹는 맛은 최고였다. 콜라를 따라 먹던 빨간 플라스틱 컵도 생각난다. 빨간색 소스, 빨간색 로고, 빨간색 의자 모두 강렬하고 매운 맛을 상징하는 빨강이었다. 이후 여러 가지 피자 프랜차이즈 브랜드가 출시되었지만 지금도 가장 고소하고 맛있는 피자 테두리는 피자헛의 두꺼운 팬 피자 도우다. 어떤 사람들은 테두리 도우(빵)는 안 먹고 떼어내기도 하지만 피자헛의 두꺼운 피자는 이 부분이 별미다.

정현이를 임신했을 때 피자가 먹고 싶었던 적이 있었다. 그때 아기였던 민기를 포대기에 안고 피자헛에 가곤 했다. 다행히 순둥이처럼 잘 자서 엄마와 아빠가 편안하게 맛있는 피자를 먹을 수 있었다. 아기 민기는 늘 그랬다. 외식을 나갈 때면 엄마 아빠가 먹을 동안 정말 잘 잤다. 덕분에 엄마 아빠는 마음 편하게 음식을 즐기며 영양 보충을 할 수 있었다. 피자에는 우리 가족의 추억이 담겨있다. 피자는 맛을 뛰어넘어 추억의 매개체로 특별한 음식이 되었다.

결혼 후에도 대학원 공부를 계속해 가느라 바빴지만 만들어 먹는 것도 재미있어했다. 그게 신혼이었나 보다. 만두피와 두부를 사서 만두국도 많이 만들어 먹었다. 맛있었다. 피자 만드는 모짜렐라 치즈를 사서 식빵 위에 얹고 전자렌지를 돌려 피자를 만들어보기도 했다. 카나페를 만들기도 했다. 아이들에게 내 손으로 만든 음식을 먹이겠다는 의욕이 강하던 시절이었다. 그런 시절이 있었지, 마음이 따뜻해진다.

한때 서울 서초동에는 단독건물에 입점한 '성신제 피자집'이 있었다. 한 번 가서 먹은 적이 있는데 성신제 그분이 직접 피자를 서빙해 주셨던 기억이 새롭다. 한국에 피자를 도입하는데 선각자 역할을 한 분이다. 하지만 성신제 피자집은 어느 순간 사라지고 말았다. 2007년 문을 닫은 것 같다. 이글을 쓰며 인터넷 검색을 해보니 작년인 2023년에 돌아가셨다. 성신제는 경기고와 서울대 출신으로 한국에 피자헛을 처음 도입해 피자시대를 열었던 좀 특이한 분이었다. 1980년대 '피자헛'이라는 외식 프랜차이즈를 국내에 들여와 한국 외식문화를 바꾼 인물이다. 우리 가족에게 '피자헛과 성신제피자의 추억'을 선사해 준 분이다. 살면서 한순간 피자계의 전설인 그분을 뵌 적이 있었다는 사실이 신기하기만 하다.

개인적으로는 코리언 피자인 '녹두빈대떡'을 더 선호한다. 그러나 별로 맛있게 만드는 집을 발견하지 못했다. 종로빈대떡, 광장시장 빈대떡 등 유명한 데를 찾아가서 먹어보았다. 그러다가 강남구 역삼동에서 해물녹두빈대떡 잘하는 집을 발견했다. '싸리골'이던가. 대치동에 살 때 주말 저녁이면 부부가 함께 산책 겸 구경도 할 겸 살랑살랑 걸어서 역삼동 먹자골목 번화가로 나갔다. '싸리골'에 자리 잡고 앉아 막걸리 한 모금과 함께 방금 구운 해물녹두빈대떡을 맛있게 먹었다. 피자헛 팬피자처럼 두툼하면서도 바삭하게 구워진 빈대떡, 해물이 듬뿍 들은 녹두빈대떡은 그 집밖에 없다. '싸리골' 녹두빈대떡을 먹을 때는 아이들이 고등학생, 대학생으로 각자의 삶에 몰두해 있어서 함께 하지 못했다. 언젠가 함께 가서 시원한 막걸리와 뜨거운 녹두빈대떡을 나누며 대치동 시절의 추억을 안주 삼아 이야기 나누는 날이 있지 않을까. 10월 가족 모임 장소로 정현이는 제철 새우구이 나들이를 생각하던데 '싸리골'에 가보는 것도 나쁘지 않을 것 같다.

　오늘은 흐리고 비 오는 날, 집에 틀어박혀서 정말 몇 년 만에 피자를 떠올렸다. 피자를 배달시킬까 신식반점 꿔바로우를 먹으러 나갈까. 결국 일종의 게으름과 끌림으로 인해 피자헛에 배달 주문을 넣었다. 피자를 먹으며 조심스럽게 그 옛날의 별미 팬피자 맛의 흔적을 더듬어보았다. 바삭하고 두툼하게 구운 피자 도우 위에 우리 가족의 추억을 토핑으로 얹었다. 그렇게 이 글은 시작되었다. 우리 세대가 짜장면, 탕수육의 시대였다면, 아이들의 시대는 피자 시대이고, 남편의 시대는 라면시대였다. 우리 정현이 그렇게 배달음식과 피자를 즐겨 먹더니 이제 결혼해서 세영이가 만들어주는 집밥을 먹고 더욱 건강해지겠구나. 우리 민기는 일산 사법연수원에서 국가가 제공하는 균형 잡힌 식사로 건강을 챙기겠구나 생각하니 흐뭇하다. (2024년 10월)

편지에서 떠오른 뭉게구름

편지 써 본지가 언제인지 까마득하다. 받아 본 지도 아득하다. 편지하면 떠오르는 단어는 국군의 날, 스승의 날, 어버이날이다. 우리 가족과 우리나라를 적들로부터 지켜주는 국군에게 감사편지. 우리에게 지식을 가르쳐준 선생님에게 감사편지. 우리를 낳고 먹이고 입히고 키워주신 부모님에게 감사편지. 편지의 최고봉은 손 편지다. 예쁜 편지지에 최대한 반듯한 글씨로 꾹꾹 눌러쓴 편지. 신중하게 써 내려간 마음과 생각들.

인터넷이 대중화되면서 종이 대신 e메일이 대세가 되었다. 이제 우리는 다른 방식으로 편지를 쓰고 있다. sns, 블로그, 인스타그램에 사진이나 짧은 글로 자신의 근황을 올린다. 뽀샵한 사진들로 꾸며놓고 잘살고 있노라고. 불특정 다수에게 또는 원하는 상대에게 선택적으로 자신의 근황을 노출한다. 엮이고 싶지 않은 상대에게는 그 흔한 카카오 캐릭터 프로필조차 없이 빈 공간에 삭막한 회색 그림자 형체로 무시와 무관심을 표시한다. 대개는 문자나 카카오 톡으로 짧은 문장에 마음을 담아 안부를 묻는다. 각종 개성 넘치는 이모티콘들이 짧은 문장을 보완하며 메시지를 실어 나른다. 그나마 이런 소통이라도 있는 게 감사하다. 이렇게 유대관계는 유지되고 힘은 미약하게나마 남아있다. 이모티콘은 우리의 감성 아바타다. 우리는 내 말의 짧음을 대신하거나 보완해 줄 수 있는, 마음에 드는 아바타를 사기 위해 돈을 지불한다. 예쁜 편지지 편지글 대신 이모티콘을 보낸다.

　요즘 내게 우편물을 보내는 주체는 국가기관, 금융기관, 소속 단체이다. 각종 세금 고지서, 선거홍보물, 카드 내역서, 부산여성문학인협회, 영축문학회 안내장. 생각해 보니 새삼스럽다. 나도 편지를 보내지 않는다. 전화, 문자, 카톡 등 편지 대신 소통하고 공감할 수 있는 매체가 많다. 그마저도 생존에 바빠 여유가 없다. 그리고 이왕이면 편지보다는 밥 한 끼 같이 먹는 편이 낫다고 생각한다.

　이제 편지는 박물관에 가야 볼 수 있는 고풍스러운 유물이 되었다. 마음이나 메시지는 종이에 담겨있지 않아도 온라인 기록으로 존재한다. 그러다가 온라인상에서 삭제되어 사라지거나 어쩌면 영원히 사이버 공간에서 떠돌고 있을지도 모를 일이다.

유치환의 시 '행복'처럼 편지에 삶과 사랑을 담던 시대는 갔다고 본다. 20년간 이영도 시인에게 5,000통의 편지를 썼던 유치환. 유치환의 편지를 매일 받다시피 한 지 3년이 지나서야 마음 문을 열었던 이영도 여사. 한 달에 평균 20통, 우체국 문 연 날 거의 매일 와서 편지를 쓰고 부쳤다는 계산이 나온다. 참으로 "사랑했으므로 행복하였네라." 문학적 감수성의 저력을 다시 보게 되었다. 참으로 문학은 끈기인 것 같다. 그 시간들을 고통이 아니라 행복이라고 느끼다니. 매일 통영중앙우체국을 오가며 수예점 창문 너머로 보이는 이영도 여사를 보며 행복해했을 유치환. 그런 그를 그리며 행복해했을 이영도 여사. 두 분 다 대단한 사랑을 했다.

올해 여름 어머니, 김선아 이사장님, 유순필 문인과 함께 탐방했던 통영이 떠오른다. 이 글 덕분에 통영에서 했던 눈 맞춤과 발맞춤이 되살아났다. 어머니 말씀처럼 글은 발끝에서 나온다. 통영중앙동우체국과 이영도 여사의 수예점 건물이 지척에 있었다. 그 위쪽에 어머니가 어린 시절 살았던 집터가 온전히 남아있었다. 독특한 스타일로 쌓아 올린 석축이 집터를 단단하게 떠받들고 있었다. 감수성 풍부한 학창 시절 유치환과 이영도 사이에 오간 편지와 러브스토리, 그 현장인 통영중앙우체국은 어머니의 문학적 감수성을 자극하며 풍부한 영감을 안겨주었다.

통영 출신 문인들의 활동과 통영의 문학적 분위기는 어머니를 문인으로 성장시킨 요람이자 놀이터였다. 유치환과 이영도의 절절한 사랑과 소통, 그 뒤에 가려진 본부인의 아픔과 소외가 교차했다. 2022년 여름 어머니와 함께 방문했던 통영 중앙동우체국은 유치환의 '편지'로 상징되는 역사적 공간이자 문학적 영감의 원천이었다. (2022년)

이번 여기작가회 지정 주제가 편지다. 글이 술술 써질 줄 알았다. 그런데 웬걸 편지 써보고 받아 본 적이 언제였는지 어떤 내용이었는지 잘 기억나지 않는다. 너무 삭막하게 살았나 보다. 중고등학교 시절 펜팔이 유행하던 시절에도 편지 교환은 별로 하지 않았다. 대학입시라는 목표가 있는데 딴눈 팔고 싶지 않았다. 그럴 만큼 뛰어나지 못하다는 것을 알고 있었고, 잘하는 편에 속하기 위해서는 집중해야 했다. 대학교 재학시절 영문과 전공이나 교양과목에 타자가 있었을 만큼 컴퓨터나 인터넷 시대는 아직 먼 일이었고, 구구절절한 사연은 손으로 쓰는 편지가 대세였다. 나도 때때로 '빨간 우체통'이 배고프지 않게 부산의 가족들, 어머니 아버지에게 근황을 전하는 안부 편지를 넣어 소식을 전했고 격려의 뜻이 담긴 답장도 받았다. 선명한 기억이 아니라도 희미한 연필 자국으로 어딘가에 남아있을 텐데.

'편지'하면 단연코 국군아저씨에게 보내는 편지가 으뜸이다. 초등학교시절 때마다 썼다. 이젠 두 아들 다 군대에 갔다 왔고 국군은 아저씨가 아니라 아들뻘이 되었다. 내가 나이를, 밥을 그만큼 먹었기 때문이다. 우리는 나이를 먹는다고 표현한다. 마음도 먹는다. 왜 밥 먹듯이 먹는다고 할까. … 지금은 군대에서도 편지지에 쓴 손편지보다는 전화나 인터넷 편지를 많이 이용한다. 단 인터넷 편지는 부모가 군대에 있는 아들에게 보낼 때 가능하고, 아들은 손편지로만 답장할 수 있다. 전화는 군대에 있는 아들이 하고 부모는 받는 입장이다. 그 전화를 놓치지 않으려고 손꼽아 기다리는 어머니가 많다. 요즘 군대에서는 군복 입고 복무 중인 아들을 몇 명 단위로 소그룹 단체 사진을 찍어서 각 가정에 보내준다. 체험학습 보낸 것처럼 서비스 정말 좋다.

'편지'하면 떠오르는 사람이 있다. 유부남 청마 유치환 시인이다. 청마가 통영 중앙동 우체국에서 연인 이영도 여사에게 수없이 많은 편지를 보냈다는 사실은 너무나 유명하다. "사랑했으므로 행복하였네라." 일부일처 무첩제 세상에서 가족들의 건강한 생활과 행복이 보장된다고 믿었던 내 반응은 "이건 뭔 말이지?"였다. 불륜이 배우자의 마음을 상하게 하고 가족을 파괴한다고 생각했기 때문이다. 통영 중앙동 우체국 앞에서도 덤덤했다. 그 위쪽에 위치해있는 독특하게 쌓아 올린 돌담 축대 위에 어머니가 살던 옛집이 더 흥미로웠다. 그 집 위쪽 전망대 같은 카페에서 커피를 마시며 그 시절 바다를 보며 문학을 꿈꾸었을 소녀가 더 궁금했고 인상에 남았다.

일제시기 기혼남들은 예술가든 독립운동가든 별다른 의식이나 양심의 가책 없이 연애와 중혼을 해 불륜을 저지르고도 무척이나 떳떳했다. 사회적 지탄도 없었다. 그들은 그렇게 '행복 찾아 삼만 리'를 떠났다. '행복 추구의 권리'는 20년간 유치환 시인이 이영도 여사에게 보낸 5천통에 낱낱이 기록되어 있으리라. 행복 따로 가정 따로. 이루지 못한 사랑과 욕망으로 인한 고통은 모두의 몫이었을 것이다. 육아와 살림, 가계와 시부모를 책임졌던 조강지처도, 연애와 불륜 상대였던 신여성들도, (알게 모르게) 하객의 축복을 받으며 당당하게 중혼을 거행하거나 당한 남녀도. 왜 그런지, 뭐가 잘못되었는지, 어떻게 하면 바로 잡을 수 있는지 몰랐고 그럴 생각도 없었을 것이다.

유치환의 편지를 배신행위라고 해야 하나 '절제의 미학'이라고 해야 하나. 본부인을 버리지 않고 혼인 관계를 유지한 것을 절제라고 봐야 하나 이기심이라고 해야 하나. 유치환 사후 이영도가 편지 200편을 추려 책으로 출간한 건 고통과 절제 속에 피어난 사랑을 세상에 보여주고 인정받고 싶은 마음이었으리라. 연구실에서 글 쓰다 점심 먹으러 걸어가며 도대체 20년간 5천 통은 어떤 의미일까를 생각해 볼 여유가 생겼다. 한 달에 약 20~21통. 요즘으로 치면 토·일 주말을 제외하고 매일 썼다는 이야기이다. 문득 그 끈기와 지속성 하나는 인정할 만하다고 평가하게 된다. 그것이 두 사람만의 사랑이고 행복이었던 것 같다. 잠시 글쓰기를 중단한 덕분에 생각의 폭이 넓어져서 다행이다. 20년간 지속된 편지라면 일기가 따로 없다. 그것만으로도 인정해 줄 만하다. 생각하는 와중에 기독교 마인드가 불쑥 솟아나 그저 정신적 바람도 불륜 아닌가요, 질문이 허공을 맴돈다. 르네상스 인본주의를 높이 평가하면서도 청교도 마인드가 굳건하게 버티고 있다. 일상과 사상, 감성을 나눈 주체가 부부나 미혼남녀가 아니라 유부남이었기 때문이다. 누군가는 아니 세 사람 모두 허수아비가 되어야 하는 운명이다. 모르는 게 약인가, 알면서도 모르는 척하는 고통을 감내하는 현명한 부인이 될 것인가. 연인들은 고통 속에서도 행복했고 절절했을 것이다. 편지는 마르지 않고 흐르는 강이었고 한 사람이 죽음으로 끝이 났으니, 이영도 여사의 편지가 궁금해진다.

이전에는 세상물정 모르고 부모가 희생해서라도 혼인을 유지하며 아이들을 보호해야한다고 생각했다. 이제는 일부종사, 일부

일처제가 다가 아니고 아이들을 보호하지 못한다는 현실을 인식하고 있다. 살다보면 서로 맞지 않고 불행할 수 있다. 한쪽이 먼저 가기도 한다. 서로를 희생하면서 불행해하고 연기를 해서라도 같이 사는 게 무슨 의미가 있나, 은연중에 배어날 텐데. 어떤 사람은 아이들이 성인이 될 때까지만 기다리라고 말한다. 그래도 좋고 아니라도 좋다. 인력으로 어쩔 수 없는 경우도 있다. 부모도 각자의 인생이 있고, 아이들이 늙은 부모를 영원히 책임지는 세상도 아니다. 세상이 달라졌다. 생각도 달라졌고, 행동도 바뀌었다.

  옛날식 진정한 의미의 편지지 편지는 이미 안 써본 지 오래되었다. 우표 사서 붙인 적도, 편지 부치려고 우체통을 찾거나 우체국에 간 지도 오래 전이다. 대신 메일, 문자, 카톡, 전화로 안부를 묻는다. 통화를 하면 그나마 다행이다. 목소리라도 들을 수 있으니. 민기 군대 있을 때 진짜 열심히 무언가라도 써서 인터넷 편지를 자주 보냈는데 짝사랑의 진수를 그때서야 맛보았다. 답장이 거의 없었기 때문이다. 그래도 좋았다. 눈에 콩깍지가 씌어서. 나중에 잘할 거라고 생각해서. 지금 생각해 보니 원맨쇼 한 거 같아서 멋쩍다. 나중은 글쎄, 지금도 안 하는데. 어린아이가 엄마에게 보냈던 한량없고 무조건적인 사랑을 맛보았으니 감사하며 퉁 치고 넘어간다. 어떻게 마음이 변할 수 있니? 마음은 무상하여 시도

때도 없이 변하고 흘러가는 거란다.

 윤도현의 '가을 우체국 앞에서' 노래처럼 가을이 되면 왠지 우체국에서 편지를 보내거나 누군가를 기다려야 할 것만 같다. 내가 기다리는 사람도 있고 나를 기다리는 사람도 있을 것이다. 생각에 빠져들면 끝도 없는 나락으로 떨어질 것 같다. 어제를 바꿀 수는 없지만 오늘은 만들어 갈 수 있다고 믿고 싶다. 행복을 향한 "소리 없는 아우성" 나름대로 소통하느라고 했는데 욕심이었나 보다. 문자를 보내도 편지를 보내도 답이 없다. 그렇게 기대는 실망과 배신, 착각이 되어 나락으로 떨어졌다. 세월은 가고 상처가 아물었어도 할퀴고 지나간 자리는 종종 따끔거린다.

 그래도 써야 할 사람이 있고 써야 할 상황이라면 또 편지를 쓸 것이다. 그것이 정성이고 최소한의 성의라고 생각하기 때문이다. 근데 갑자기 궁금해진다, 그들이 받고 싶은 건 뭘까. 편지일까. 시간을 내어 편지를 써야 할까. 아니면 다른 것일까. 꿈 깨는 소리에 머리도 마음도 눈꺼풀도 무겁다. 깨어있고 싶은 쾌적한 오후다. 나중에 알게 된 일이다. 여기작가회 원고의 지정 주제 '편지'는 22년 것이었지만 착각해서 같은 주제로 또 쓰게 된 것이다. 쓰면서도 작년에 같은 주제로 글을 썼다는 기억이 나지 않았다. 일과 잡생각에 쫓기며 살았기 때문일까. 어떻든 1년의 시간을 두고 같은 주제로 쓴 두 편의 글을 비교해 보는 재미도 있다. 다른 전개였기 때문이다. 덕분에 기억과 마음, 감성의 표현은 시간 흐름과 현재 상태에 따라 진화 또는 변화한다는 사실을 깨닫게 되었다. (2023년)

제3장 독서와 문화 산책

책과 산책

앙드레 코스톨라니,『돈, 뜨겁게 사랑하고 차갑게 다루어라』를 읽고

보슬보슬 봄비와 함께 다가온 소나무 숲 향기는 참으로 고혹적입니다. 자연은 후각으로 스며들어 세파에 무감각해진 영혼을 일깨워줍니다. 그동안 책 읽기에 도전하느라 자연을 돌아볼 시간이 없었는데 너그럽게 먼저 대화의 손을 내밀어주네요. 살아있음을 느끼게 해주는 고마운 순간입니다.

요즘 저는 자신을 1인 기업으로 간주하고 제 부가가치를 높이기 위해 독서경영을 하고 있습니다. 독서경영 덕분에 성공했다고 하는 사람이 많아서 한번 따라 해보려고요. 책 한 권에는 지은이가 한 분야에서 쌓아 올린 30년 경험과 지식이 압축되어 있다고 합니다. '천년의 내공'을 전수받을 수 있는 기회인 거죠. 5주 곧 35일 동안 하루에 한 분씩 찾아뵙고 대화를 나누며 기록을 남기고 있습니다. 첫술에 배부르지 않으니 이후에도 꾸준히 방문해야겠습니다.

오늘은 『돈, 뜨겁게 사랑하고 차갑게 다루어라』를 소개해드릴까 합니다. 이 책의 제목은 본문에 나오는 문장을 인용해 출판사에서 임의로 붙인 것으로 보이는데 대조법을 사용해 꽤 자극적으로 부각시켰습니다. 저자인 코스톨라니가 "돈(상승하는 주가)을 쫓기보다 돈(하락하는 주가)과 정면승부를 보라."는 뜻으로 말했던 대목인데요. 책의 원래 제목은 독일어로 '돈보다 예술' 정도로 번역할 수 있습니다. "지성인과 예술가들에게 돈을 버는 일이란 돈의 실용적인 장점 외에도 그들의 작품이 얼마나 인정받았는지를 보여주는 척도다."라는 구절에서 돈에 대한 자세를 엿볼 수 있습니다.

피아니스트를 꿈꾸었던 코스톨라니는 투자가로 성공한 후 자신의 유명세를 매개로 예술가, 연주가들과 만나 예술에 대한 이야기를 나누고자 했습니다. 하지만 정작 그들은 투자에 대해 묻고 이야기하기를 원했다고 합니다. 역사상 수많은 철학자, 문학가, 예술가들이 의외로 투자나 돈에 많은 관심을 가졌다고 언급하고 있습니다. 돈과 문학, 돈과 예술의 관계가 끈끈하다는 사실을 새삼 깨달았습니다. 르네상스도 메디치 가문의 리더십과 돈이 만들어낸 시대정신이었습니다. 부산의 여성 기업가가 강연에서 이야기했듯이 '경제력이 문화의 원동력'입니다. 그래서 이 책을 소개하는 게 의미가 있다고 생각했습니다.

지은이 앙드레 코스톨라니(1906~1999년)는 주식투자를 통해 부자가 되었으며 은퇴 후에는 자신의 경험을 살려 작가, 강연자, 저널리스트로 인생 2막을 살았습니다. 13권의 책을 펴냈고 이 가운데 『돈, 뜨겁게 사랑하고 차갑게 다루어라』는 출간 즉시 독일 베스트셀러 1위에 올랐고 스테디셀러가 되었습니다. 이 책은 저자가 93세로 세상을 떠난 1999년에 저술한, 자신의 인생 경험을 집약해 놓은 책입니다. 주식투자 지식을 전달하는 가운데 돈에 대한 인간 본성과 심리를 통찰하고 담담히 써 내려간 수필이라고 하겠습니다.

코스톨라니는 헝가리 부다페스트에서 가톨릭으로 개종한 유대인 집안에서 태어났습니다. 철학과 미술사를 전공했으며 피아니스트를 꿈꾸었습니다. 사업가였던 아버지는 "주식투자를 배우게 하라"는 친구(주식중개인)의 권유에 따라 아들 코스톨라니(18세)를 프랑스 파리로 유학 보냈습니다. 결과적으로 이 결단은 일생일대의 성공적인 투자가 됩니다. 아버지는 전쟁과 공산주의로 인해 모든 재산을 빼앗겼지만, 아들 덕분에 스위스에서 풍요로운 노년을 보낼 수 있었으니까요.

　이 책에서 코스톨라니는 주식투자를 중심으로 내용을 전개하고 있습니다. 우리가 책을 읽는 목적은 내가 당장 필요로 하는 관련 지식을 얻는 것을 넘어 통찰력과 지혜를 쌓고 필요한 순간에 꺼내 쓰기 위함이라고 생각합니다. 독서는 실생활에 적용할 수 있는 부분을 찾아내 활용하는 데 의의가 있습니다. 저자는 '증권심리학' 항목에서 부화뇌동附和雷同파와 소신所信파를 분류하고 있습니다. 소신파가 장기적인 측면에서 증권시장의 승자이며, 그들이 수익을 내는 것은 부화뇌동파의 덕일 때가 많습니다. 소신파들은 돈·생각·인내·행운을 가지고 있는 사람입니다.

　부채 없는 온전한 자기자본, 심사숙고 끝에 도출한 자신만의 생각과 상상력, 확신과 인내, 행운은 서로 밀접하게 연결되어 있습니다. 돈이 없거나 빚이 있는 투자는 인내할 여력이 없고, 자신만의 생각이 없으면 전략 없이 감정적으로 대세를 따르는 경향(군중심리)을 띠게 되어 인내하기 어렵습니다. 그는 투자 비법을 묻는 사람들에게 "세계적인 우량주를 사들인 다음 약국에서 수면제를 사서 먹고 몇 년간 푹 자라."고 조언한 걸로 유명합니다.

　그의 투자 철학을 우리 삶에 대입해 볼 수 있습니다. 성공적인 삶을 살기 위해서는 경제적 독립이 첫걸음이요, 생각하는 힘을 기르는 것이 병행되어야 합니다. 경제적 독립이 되지 않으면 정신적 독립이 어렵습니다. 다른 사람에게 일방적으로 의지하다 보면 간섭이라는 부작용을 낳게 됩니다. 최선을 다한다 하더라도 자기 마음대로 되지 않는 것이 인생입니다. 세상은 늘 변화하고 우리는 대응할 뿐이지요. 지레 겁먹거나 포기하거나 지루해하지 말고, 우리가 기울였던 노력이 성과로 나타날 때까지 인내하며 운때가 오기를 기다려야겠습니다.

옛날 어떤 화가가 추하고 일그러진 악한을 모델로 해서 악마를 그렸는데, 알고 보니 자기가 예전에 천사를 그리며 모델로 썼던 그 선하고 아름답던 청년이었습니다. 같은 사람이 그렇게 변할 수도 있다면 한순간에 천국이 지옥으로 또 그 반대로도 변할 수 있지 않을까요. 미래는 예측할 수 없으니 일희일비하지 않으려고 합니다.

앙드레 코스톨라니가 늘 마음에 새겨 삶의 마지막까지 실천했던 원칙은 "인생을 즐기십시오."였습니다. 실제로 코스톨라니는 투자에 성공했을 때 돈을 벌었다는 것보다는 다른 사람들과 궤를 달리한 자신의 생각이 옳았다는 사실에 더 기뻐했습니다. 스스로를 '투자가'라고 부르며 투자 자체를 즐겼습니다. '투자가'는 경제발전, 정치, 사회를 제대로 진단하고 수익을 창출하기 위해 심사숙고하는 지성인이며, '투자'는 날마다 새로운 도전을 하는 '지적 활동'이자 '정신적 체조'라고 규정했습니다. 그에게 투자는 삶 그 자체였고, 돈은 '경제적 자유'를 넘어 '사회적 인정'을 의미했습니다.

그는 무엇보다 바보들의 '군중심리(대중심리의 압박, 대중의 히스테리)', '언론'의 분위기 조장을 경계했는데요. '순환하는 시장 사이클'에서 성공하려면 소신을 가지고 현대 경제순환과 반대로 행동해야 한다고 조언합니다. 현명한 사람은 단단하면서도 유연해야 합니다. 언제라도 결정적인 순간이 닥치면 자신의 생각과 계획을 버릴 준비가 되어 있고, 자신의 신념이 확고하다면 끝까지 버틸 수도 있어야겠습니다. 삶의 이면에는 늘 미덕과 약점을 동시에 지닌 인간이 존재함을 직시해야겠습니다.

코스톨라니는 흥미로운 사례를 인용하고 있는데요. 역사(창세기)에 기록된 첫 번째 투기가 이집트 총리대신으로 재직했던 30세 전후의 요셉으로부터 비롯되었다고 말합니다. 투기의 역사가 기원전 2,000년 전후로 거슬러 올라가는데요. 요셉은 파라오의 꿈을 "7년의 풍년과 7년의 흉년"으로 해석하고 식량난 위기에 대비했습니다. 풍년에 남아도는 곡식을 대량으로 저장한 뒤 연이은 흉년에 비싼 가격으로 시장에 내놓아 되팔았습니다. '호모 루덴스(놀이하는 존재)'로서 인간 본성을 이야기하고자 했습니다.

한 번도 주식투자를 해보지 않은 제게 이 책은 참으로 낯설었고 완독에 시간도 많이 걸렸습니다. "뜨겁게 사랑하고 차갑게 다루어라" 제목이 너무나 문학적이지 않나요? 부동산이나 주식이나 투자의 원리는 비슷하고, 결국 인간이 하는 일이기에 가치평가와 심리가 중요한 부분을 차지하고 있음을 알 수 있었습니다. 열린 마음으로 다양한 독서를 통해 삶의 지혜에 귀를 기울이며 주관을 바로 세워가는 것이 중요하다는 생각이 듭니다. (2022년)

부자의 언어

John Soforic 존 소포릭, 『부자의 언어 : 어떻게 살아야 부자가 되는지 묻는 아들에게 The Wealthy Gardener : Life Lessons on Prosperity Between Father and Son』 (이한이 옮김, ㈜윌북, 2020)을 읽고

이 책의 제목을 원어대로 해석하자면 "부를 일구는 정원사"이다. 지은이 존 소포릭이 아들을 위해 쓴 책이다. 존 소포릭은 아들에게 '삶의 자세와 부'에 대한 생각을 '우화' 형식으로 전달하고자 했다. 책은 사실과 허구의 조합인 팩션으로 구성되어 있다. 이야기가 전개되면서도 작은 챕터별로 인생 수업(교훈)을 다루고 있다. 395쪽에 달하는 상당한 분량이지만 어디를 펼쳐도 부담 없이 볼 수 있도록 소제목과 작은 분량으로 나누어져 있다. 책을 집어 들며 그 두께에 잠시 멈칫할 수도 있지만 일단 시작하면 시간

가는 줄 모르게 된다.

  지은이 존 소포릭은 20대에 돈이 없다는 사실이 사람을 어떻게 불안과 공포, 절망 상태로 몰아가는지 경험했다. 결혼하고 아이가 태어나면서 돈의 가치를 깨닫게 된다. 척추교정사가 되어 시카고에 있는 자기 병원 건물에서 잘 차려입고 좋은 환경에서 일했지만 생계비를 버는 정도였다. 왜 그럴까 분석해 봤더니 생활비가 비싼 동네였기에 재정적으로 악순환이 될 수밖에 없는 구조였다. 수입이 지출보다 많은 흑자구조를 만들기 위해 자신의 생활방식을 변화시킬 필요가 있다고 느꼈고 행동에 옮기게 된다.

  시카고를 떠나 고향에 병원을 개원했다. 생활비가 적게 들자 초과수입이 생기기 시작했다. 수년간 척추교정사와 '부동산 사업가'로 시간을 쪼개 쓰면서 부동산 일에 성취감을 느끼고 최고의 성과를 내게 되었다. 마침내 성공한 부동산 사업가가 되어 '경제적 자유'를 누리게 되었다. 핵심은 "나는 평생 어떤 직업에 종사할까"가 아니라 "내가 평생 추구할 나만의 가치는 무엇인가"를 물어야한다.

  존 소포릭은 책의 첫 장(1부 정원 일 배우기, 1장 매일의 씨앗)을 '시간'에 대한 강조와 '돈'의 중요성으로 시작한다. "하루의 시간은 모두 하나의 씨앗이 될 수 있다." "인생에는 돈보다 중요한 게 많지. 하지만 돈 문제를 극복해야 다른 중요한 것들에 집중할 수 있어. 돈과 시간이 없으면 자기 인생을 뜻대로 살아갈 수 없게 돼."
자신이 왜 부를 추구하게 되었는지, 돈을 벌기 위해 어떻게 하면
되는지, 왜 시간을 잘 사용해야 하는지 이야기하고 있다.

사람들은 돈의 분배가 불평등하다고 아우성 치지만 시간에 대해서는 말이 없다. 돈을 많이 벌고 싶어 하지만 시간을 어떻게 활용해야 하는지 고민하는 사람은 별로 없다. 시간을 당연하게 여기고 귀하게 여길 줄 모른다. 사람들은 "시간이 없다."고 말한다. 하지만 실제는 "시간을 내지 않는 것"이다. 일하느라 바빠서 '부자가 될 시간'이 없고 '내가 원하는 삶을 살 시간'이 없다. 일과 삶에는 우선순위가 있어야 한다.

존 소포릭은 '시간의 씨앗'을 심고 가꾼 대표적인 인물로 변호사 존 그리샴을 들고 있다. 결혼해서 두 아이가 있고 로펌에서 주 60시간 일하는 30세 변호사가, 인생에서 해야 할 일이 가장 많은 시기에 하루 종일 꽉 찬 일정을 수행해야 하는 가운데 어떻게 소설을 쓰고 소설가로 성공할 수 있었을까. 존 그리샴은 어느 날 법원에서 들은 증언을 바탕으로 소설을 쓰고 싶다는 '열망'을 느꼈다. 그가 다른 사람들과 달랐던 점은 '꿈을 꾼 순간을 흘려보내지 않았다'는 사실이다.

시간을 확보하기 위해 새벽 5시에 일어났다. 5시 30분에 출근해 업무시간 전까지 매일 3시간 글을 썼다. 그냥 쓰기 시작했고

매일 썼고 3년이 지나 원고가 완성되었다. 이 책이 『타임 투 킬』이었는데 상업적으로 실패했다. 그래도 계속 글을 써나갔고 또 한 편의 원고를 완성했다. 이 두 번째 소설 『그래서 그들은 바다로 갔다』는 베스트셀러가 되었고, 덕분에 첫 소설까지 베스트셀러가 되었다. 그는 더 많은 소설을 썼고 성공했다. 존 소포릭은 이를 '성공방정식'이라고 말한다. '보상이 확실하지 않은 일을 하는데 매일 같이 시간을 들이는 것'이 성공방정식이다. 꿈은 영감에서 시작되지만 하루하루의 시간으로 만들어 가야 한다.

　꿈을 실현한 또 다른 사례가 독일인 하인리히 슐리만(Heinrich Schliemann)의 트로이와 미케네 발굴이다. 그는 어릴 때 호메로스의 『일리아드 Iliad』를 읽고 트로이가 분명히 어딘가 파묻혀 있을 거라고 확신했다. 꿈을 간직한 채 40세까지 장사와 무역으로 바쁜 나날을 보내면서도 틈틈이 여러 나라의 언어를 익혔다. 막대한 부를 쌓은 뒤 사업에서 은퇴했고 프랑스 대학에 진학했다. 박사학위를 취득해 『이타카, 펠레폰네소스, 트로이』(1869)를 출판했다. 슐리만이 단순히 돈 많은 상인이 아니라 박사학위를 취득해 학문적 소양까지 갖춘 학자로서 발굴을 시작했다는 사실을 아는 사람은 거의 없다. 신화와 문학으로 치부되던 '트로이'와 '미케네'를 학문적으로 연구하며 차근차근 발굴 준비를 진행했다. 마침내 오스만투르크 정부의 허가를 받아 발굴을 시작했고 엄청난 성과를 거두었다. 부를 갖추지 못했다면 시도해 볼 수도 없었을 일들이다. 오랜 시간 준비한 엄청난 부와 박사학위라는 전문성을 가지고 마침내 트로이와 미케네 발굴에 성공해 꿈을 실현했다. 슐리만은 트로이와 미케네가 실제로 존재했던 도시였다는 사실을 증명해 냈다. 덕분에 트로이와 미케네는 신화나 문학이 아닌 '역사'로 우뚝 서게 되었다.

이 책의 주인공은 농장과 포도밭, 포도 양조장을 가지고 있는 '부자 정원사'다. 정원사는 인생의 황혼기에 어마어마한 부를 일구게 되었다. 하지만 주위 사람들은 여전히 경제적 문제에 시달리고 있었다. 정원사도 세상 사람들도 모두 부를 바랐지만 결과는 달랐다. 차이는 '부를 차곡차곡 쌓아나가는 선택을 반복'했느냐 하지 않았느냐에 있었다. 존 소포릭은 독자에게 '간절히 바라기만 할 것이 아니라 바로 지금 행동'하는 것이 중요하다는 점을 깨우쳐주고자 한다.

정원사는 주위 사람들에게 '어떻게 정원(삶)을 가꾸어야 하는지' 조언해 주며 그들이 스스로 변화하게끔 시도해 보았다. 농장 관리인 산투스와 소년원 출신 지미는 과거에 큰 실수를 저질렀다. 정원사는 이들에게 다시 한번 더 기회를 주었다. 두 사람은 정원사의 의도가 무엇인지 알아차리고 두 번째 기회(second chance)를 꽉 잡았다. 정원사는 선한 영향력으로 이들의 삶에 변화를 불러

일으켰고 덕분에 이들은 풍요로운 삶을 살게 되었다.

하지만 이웃집 프레드는 정원사의 조언에도 불구하고 결국 자기의 꿈을 펼쳐보지 못한 채 세상을 떠났다. 프레드의 아들 제러드도 자신을 변화시키지 못한 채 질곡의 삶을 살아간다. 네 사람 모두 정원사와 교류하고 대화하고 조언을 받았지만 결과는 다르게 나타났다. 스스로 깨닫지 못하면 기회가 와도 기회인 줄 모른 채 인생을 낭비하게 된다. 그럴 시간이나 돈이 없었다, 운이 없었다고 핑계 대며 세상을 떠난다. 할 수 있었지만 하지 않은 걸 후회한다. 그래서 자기 그릇을 키우는 게 중요하다. 얼마만큼 어떻게 받아들이냐에 따라서 결과가 달라지기 때문이다. 결국 스스로 바뀌어야 한다는 교훈을 말해주고 있다. 지금 할 수 있는 일을, 해야 하는 일을 해야겠다.

이 책 전체에서 가장 인상 깊었던 챕터는 '위기'다. 태풍이 휘몰아치고 경제적인 시련이 닥쳤을 때 진짜 문제는 불운을 핑계 삼는 태도라고 말한다. 역경은 어둠이 될 수도 있고 내면의 빛이 될 수도 있다. 정원사에게 가장 큰 위기는 자연재해가 아니었다. 자연재해에 대비해 비상금을 모아두었고 보험에 가입되어 있었기에 얼마든지 복구가 가능하기 때문이다. 존 소포릭은 정원사의 입을 빌어 "예기치 못한 위기, 최악의 시련은 인생의 재난에 있다."고 말한다.

"인생의 어떤 단계에서는 그저 견디는 것만 가능해. 그 이상 할 수 있는 게 없지. 그냥 위기인 거야. 시간은 상처를 치유해 주지 않아. 하지만 그 상처를 지닌 채 세상에서 제 역할을 하며 살아가는 걸 배우지. 절뚝거리면서 최선을 다하는 거야. 그렇게 다시 세상으로 나가야 하지." 모두가 선망하는 사람들의 삶에도 비극은 있을 수 있다. 고통을 배우고 몸을 수그리며 견뎌내라. 살아남는 것이 무엇보다 중요하다고 말하고 있다. 가슴에는 여름을 품고 봄을 기다리며 이 겨울을 견디는 분들에게 위안이 되었으면 한다. (2022년)

사람은 무엇으로 사는가

빅터 프랭클의 『죽음의 수용소에서』
(청아출판사, 2020)를 읽고

이 책의 지은이 빅터 프랭클(1905~1997)은 유대인으로 오스트리아 빈에서 태어나고 자랐다. 빈 대학에서 의학박사와 철학박사 학위를 받고, 빈 의과대학 신경정신과 교수를 역임했다. 2차 세계대전 중 나치의 유대인 강제수용소(아우슈비츠, 다하우 등 네 곳)에 3년간 수용되었다가 죽을 고비를 넘기고 살아남았다. '정신치료사'를 자칭하며 '로고테라피(Logotherapy 의미치료)' 학파를 창시했고, 미국 인터내셔널대학에서 로고테라피를 가르쳤다. 로고스(Logos)는 그리스어로 '의미'를 뜻하는데, 로고테라피는 심리치료의 하나로 삶의 의미에 초점을 맞춘 치료법이다.

『빅터 프랭클의 죽음의 수용소에서』의 원제는 Man's Search For Meaning(삶의 의미를 찾아서)다. 영어판만 73쇄에 전 세계 19개 언어로 번역 출판된 베스트셀러다. 독일어판 책 제목은 '그 모든 것에도 불구하고 삶에 대해 "네"라고 대답하는 것'이다. 제1부 강제수용소에서의 체험, 제2부 로고테라피의 기본개념, 제3부 비극 속에서의 낙관으로 구성되어 있다. 1부는 자전적 이야기이고, 2부는 1부에서 도출한 교훈을 요약한 내용이다.

지은이는 자신의 체험을 담담하게 기술하며 어떤 상황에서도, 가장 비참한 상황, 강제수용소와 같은 극단적인 상황에서도 삶에 의미가 있다는 사실을 독자에게 전달하고자 했다. 그렇기에 "왜 살아야 하는지 아는 사람은 어떤 어려움도 참고 견딘다."는 니체의 말을 자주 인용한다. 자기가 해야 할 일이 있다는 걸 알고 있는 사람이 강제수용소에서 더 잘 살아남았다는 사실을 확인할 수 있었기 때문이다. 중요한 것은 주어진 상황에서 최선을 다하는 것이다.

로고테라피에서는 책임감을 강조한다. 인간 존재의 본질이 책임감이라고 본다. 인간은 삶으로부터 질문을 받는데 자신의 삶에 '책임'을 지는 사람만이 대답할 수 있다. 강제수용소는 살아있는 인간 실험실이자 시험장이었다. 지은이는 강제수용소 안에서 어떤 사람들은 성자처럼 행동하는 반면 어떤 사람들은 돼지처럼 행동하는 것을 목격했다. 이에 따라 사람의 내면에는 두 가지 잠재력이 있는데 이 가운데 어떤 것을 취하느냐는 문제는 전적으로 본인의 의지에 달려있다고 보았다. 지은이는 삶의 모든 순간을 '선택과 책임감'으로 정의한다.

강제수용소와 같은 극한상황에서 '개인적인 차이'는 더욱 분명하게 드러난다. 사람들은 가면을 벗고 돼지와 성자 두 부류로 나뉘었다. 어떤 종류의 사람이 되는가 하는 것은 개인의 내적인 선택의 결과이지 환경의 영향이 아니라고 강조한다. 아무리 척박한 환경에 처한 사람이라도 자기 자신이 정신적으로나 영적으로 어떤 사람이 될 것인가를 선택할 수 있고 인간으로서의 존엄성을 지킬 수 있다. 사람은 운명과 그에 따르는 시련을 받아들이는 과정에서 삶에 보다 깊은 의미를 부여할 수 있다고 보았다.

비참한 상황에서도 누구는 용감하고 품위 있고 헌신적인 삶을 살지만 누구는 자기방어와 생존을 위한 치열한 싸움에서 인간으로서의 존엄성을 잃고 동물과 같은 존재가 될 수도 있다. 어떤 존재가 될 것인지, 삶의 목표와 의미를 어디에 둘 것인지, 매순간 사람에게는 선택의 기회와 선택의 자유가 있다. 이기적인 존재와 이타적인 존재 사이 그 어디에선가 자신의 정체성을 스스로 결정해야 한다고 말한다. 선택을 강요받는다고 표현할 수도 있겠다.

자기가 살기 위해, 살아남아야 한다는 명제 앞에 짐승이 되어야 할지. 인간으로서 존엄성과 품위를 지키기 위해 귀중한 목숨이나 재산을 내려놓아야 할지. 갈림길에서 어떤 선택을 할 것인가에는 선악도 없고 정답도 없지 않을까. 쉽지 않은 문제이다. 지은이는 인간존엄성을 지키는 편에 무게를 싣고 있다. "이 수용소에서 저 수용소로 몇 년 동안 끌려 다니다 보면 결국 치열한 생존경쟁에서 양심이라고는 눈곱만큼도 찾아볼 수 없는 사람들만 살아남게 마련이다. … 우리들은 알고 있다. 우리 중에서 정말로 괜찮은 사람들은 살아 돌아오지 못했다."

지은이는 사람이 강제수용소와 같은 극한의 상황에 놓이게 되었을 때 겪는 심리적 반응에 대해서도 담담히 서술하고 있다. 첫 반응은 충격이다. 그 다음은 상대적 무감각, 정신적으로 죽은 것과 다름없는 상태다. 무감각은 너무나 충격적인 현실에서 자신을 지키기 위한 일종의 방어기제이기도 하다. 이와 별개로 사람들은 집과 가족에 대한 끝없는 그리움으로 인해 정신적으로 엄청난 고통을 겪는다. 그리움이 너무나 간절해서 자기 자신을 완전히 소진시키는 정도에까지 이른다. 한편 강제수용소 안에서도 (상대적인) 행복이나 자연의 아름다움을 느낄 수 있었다고 증언한다. 대부분의 사람들은 평생 겪지 않을 상황이지만 누구에게나 일어날 수 있는 일이기도 하다. 충격과 무감각 상태, 사무치는 그리움의 고통. 그러나 고통이라는 감정은 우리가 그것을 명확하게 묘사하는 바로 그 순간에 고통이기를 멈추는 감정이기도 하다. 있는 그 대로의 고통과 대면하고 시련 속에서도 무언가 성취할 수 있는 기회가 숨어있음을 깨닫는 삶이 의미 있는 삶으로 가는 길이다.

사람은 미래에 대한 기대가 있어야 세상을 살아갈 수 있다. 미래에 대한 믿음, 살아야 하는 이유, 삶의 의미를 찾지 못하거나 잃어버린 사람은 정신력을 상실하고 육체적으로도 퇴화되며 마침내 자포자기상태가 된다. 또 다른 방법으로 고통을 멈추고 싶은 것이다. 지은이는 강제수용소 내에서의 체험을 통해 인간의 정신상태(용기, 희망, 절망)와 육체의 면역력이 밀접하게 연관되어 있음을 목격했다. 사람이 희망과 용기를 잃게 되면 몸의 면역력이 떨어져 치명적인 결과에 이르게 된다. 사람의 정신력과 체력, 면역력이 긴밀하게 연동되어 있음을 확인할 수 있었다.

성공이나 행복은 추구하거나 찾을 수 있는 것이 아니라 하루하루를 열심히 살다보면 찾아오는 것, 주어지는 것이다. 양심의 소리에 귀를 기울이고 확실하게 행동하는 것만이 삶의 열쇠다. 주어진 상황에 최선(라틴어 optimum)을 다하는 것이 낙관(optimism)이다. 주어진 상황에서 삶의 의미를 찾다 보면 저절로 행복해지고 시련을 견딜 수 있는 힘도 솟아난다. 그 모든 것에도 불구하고 삶에 대해 "네"라고 대답하는 것, 어떤 상황에서도, 가장 비참한 상황에서도 삶의 의미를 찾을 수 있다는 것이 지은이가 말하고자 하는 핵심이다.

 그래서 글쓰기를 시작했고 큰 의미를 발견했다. 내 주위에서 일어나고 있는 일들, 이해할 수 없는 일들이 너무나 많더라도 그래 그럴 수 있지 생각한다. 시련에서 기회와 의미를 찾으려고 노력하며 현실을 감내한다. 더 이상 바꿀 수 없는 상황이라면 내가 변화해야 한다. 내 삶의 태도와 시각을 바꾸는 것이 문제를 해결하는 유일한 방법임을 깨닫게 된다. 부정적인 생각을 밀어내기 위해서는 다른 일에 몰두해서 바쁘게 지내는 것이 최고인 것 같다. (2022년)

글을 쓴다는 것

팀 페리스, 『타이탄의 도구들』을 읽고

『타이탄의 도구들』은 2017년 아마존 종합 베스트셀러 1위에 오른 책이다. 저자 팀 페리스는 이 책을 집필하기 위해 3년 동안 자신이 진행하는 팟캐스트방송 '팀 페리스쇼'에 '세상에서 가장 성공한 인물 200명'을 출연시켰다. 다양한 인물들이 방송에 나와서 자신들의 성공 노하우와 철학, 삶의 지혜를 나누었다. 청취자 수백만으로부터 폭발적 반응을 이끌어 냈다.

팀 페리스는 세계 최고들의 생생한 목소리가 담긴 인터뷰, 다양한 성공 비결, 자신이 일상에 직접 적용해 얻은 탁월한 성과와 경험들을 망라해 책에 담았다. 성공한 이들을 '거인'이라는 뜻의

'타이탄'으로 명명했는데 이들이 성공과 부, 지혜를 갖춘 타이탄이 된 비결은 무엇이었을까.

첫째, 글 쓰는 일에 관한 지혜다.

"디지털시대가 발전하면 할수록 글을 쓰는 사람이 기회를 얻게 될 것이다. 그 어느 때보다도 글로 사람들의 마음을 사로잡고 설득하고 변화시키는 시대가 왔다. 글을 잘 쓰는 사람이 미래를 얻게 될 것이다."

의외였다. 글을 쓴다는 일이 아날로그적이라 이제 더 이상 유용하지 않을 거라고 생각했다. 그러나 팀 페리스는 글쓰기가 미래사회에서 더욱 차별성을 가지는 파워가 될 것이라고 전망했다. 내 생각이 짧았나 보다. 디지털시대에 글쓰기 능력, 공감과 설득의 힘이 더욱 중요해질 것이기에 인문학은 살아남을 것이다. 요즘 주식과 부동산 등 부를 이루는 방법을 말해주는 베스트셀러가 많다. 부와 인문학 지식을 결합한 『부의 인문학』이라는 책에서는 부를 인문학으로 정의하며 자본주의 체제를 직시하되 인문학이 부를 이루는 힘, 통찰력의 원천임을 강조한다.

더욱 놀라운 사실은 타이탄들의 게으름과 집중력에 대한 태도였다. 그들도 미리미리 여유 있게 일을 해놓거나 당면한 일을 척척 해내기보다는 미루는 경우가 많음을 알게 되었다. 다만 타이탄들의 남다른 특징은 자신들이 미루어둔 걸 따라잡기 위해 놀라운 집중력을 발휘한다는 점이다. 책임감으로 보면 될까.

백지는 가능성, 미래에 대한 두려움, 두려움으로 인한 회피, 게으름을 의미한다. 타이탄들은 어떻게 두려움을 극복했을까. 티베트불교 수행법 족첸(Dzogchen)에서는 두려움이나 불안이 엄습해 올 때는 눈을 들어 맑은 하늘과 지평선 너머를 쳐다보라고 가르친다. 우리도 어려움에 처하게 되면 눈을 들어 하늘을 보며 무언가를 시도해 보자.

둘째, 글을 잘 쓰는 것에 관한 지혜이다. 잘 쓴 글이란 내 느낌과 경험을 내 목소리로 표현한 글이다. 좋은 글을 쓰기 위해서는 나를, 내 마음을, 내 생각을 표현할 줄 알아야 한다. 글을 쓴다는 것은 독자에게 솔직해지는 것, 나를 드러내 보이는 작업이다. 부끄러워 감추려고 한다면 울림을 주는 글이 나오기 힘들 것이다.

"더 나은 사람이 되려면 우리는 실수와 한계를 드러내는 일에 두려움을 갖지 않아야 한다. 가장 많은 실수를 드러내는 사람이 가장 열심히 노력하는 사람이다. 그러니 그것들을 보여주는 건 자랑스러운 일이지 부끄러워 할 이유가 아니다." 모르는 척 숨기는 게 능사가 아니라는 뜻이다. 덮어놓으면 피고름이 곪아 터져 줄줄 흘러내려 누구나 알게 될 때까지 상처를 키울 뿐이다. 보통 사람들은 문제를 애써 외면하며 살다 가며 노쇠와 죽음, 시간을 탓하지만 타이탄들은 현실을 직시하며 마음을 열고 치유와 해결의 실마리를 찾고자 한다.

이민진은 예일대 역사학과를 졸업하고 로스쿨에 진학해 변호사로 근무한 경력(2년)을 가진 한국계 미국인 작가이자 재미교포 교수다. 남편은 하프 일본인이고 아들은 쿼터 일본인으로 다민족 가정을 이루고 있다. 13세의 재일교포 학생이 이지메(집단괴롭힘, bullying)로 인해 자살했다는 보도를 접하고 자이니치 코리언(재일교포)들의 이야기 『파친코』를 구상했다. 작가는 인터뷰에서 책을 통해, 교훈이 아니라, "역사에 정직하자."는 메시지를 전하고 싶었다고 말한다. 애플TV에서는 이 소설을 원작으로 '파친코' 8부작 드라마를 만들었다. 감독들도 한국계 미국인인데, 드라마에서는 원작 소설에서 다루고 있지 않은 '관동대지진'에 대해서도 상세하게 다루고 있다. 배우 윤여정이 여주인공 선자의 인생 후반기 역할로 열연했다. 소설 『파친코』는 28개 나라에서 출판되었고 드라마 '파친코'는 국경을 넘어 많은 사람들의 심금을 울리고 있다. 책과 드라마는 자신의 정체성을 찾고자 하는 한국인들에게, 한국 드라마의 메시지에 공감하는 세계인들에게 엄청난 영향을 미치고 있다. 한 사람의 느낌과 사명감이 평생의 역작으로 완성되어 어떻게 사람들에게 영향력을 줄 수 있는지, 책이 드라마로 만들어져 얼마나 더 큰 전파력을 가지고 확산되는지, 영어로 쓴 한국문학이 한국인의 문화와 정서를 얼마나 끌어당기고 공감을 자아내는지 볼 수 있다.

　셋째, 집중력과 여유로움을 키우는 방법이다. 팀 페리스는 "언젠가 죽을 것이라는 사실을 떠올리는 것은 '의미 있게 살아야 한다.'는 사실을 기억하는 훌륭한 방법이다."라고 강조한다. 지난번에 소개했던 책 『죽음의 수용소에서』의 핵심 역시 '삶의 의미를 찾자'는 것으로 삶을 찬미하는 글이었다. 죽음에 대한 언급을 터부시하는 이들에게 손가락(죽음)이 아니라 손가락이 가리키는 메시지(삶)에 집중하라고 말해주고 싶다. 영화배우 강수연이 55세 나이로 세상을 떠나는 동안 한집에 함께 살던 가족들은 아무도 그 여행에 대해 알아차리지 못했다. 이미 시간을 낭비해서 초조한 게 아니라면. 삶과 죽음에 대해 여유로운 자세가 필요하다.

　이 책은 내게 '일을 많이 하지 말라'는 숙제를 내주었다. "일을 많이 하는 사람은 열심히 하지 않는다. … 핵심에 집중하려면 일을 많이 하지 않아야 한다. 느긋하게 하는 사람이 무엇이든 열심히 한다. … 집중력이 강한 사람은 항상 여유롭다. 강한 집중력은 글쓰기를 통해 키울 수 있다." 열쇠는 글쓰기에 있다. 글쓰기는 타이탄의 가장 강력한 도구다. (2022년)

인생을 대하는 우리의 자세

박웅현, 『여덟 단어』(북하우스, 2013)를 읽고

　이 책은 저자 박웅현이 딸에게 해주었던 이야기, 해주고 싶은 이야기를 『여덟 단어』로 구성한 글이다. 여덟 개의 주제는 자존, 본질, 고전, 견(見), 현재, 권위, 소통, 인생이다. 부제는 '인생을 대하는 우리의 자세'이다.
　저자 박웅현은 행복한 삶의 기초는 '자존', 나를 중히 여기는 자세라고 말한다. 한때 아이였던 어른들이 자존감을 가지는데 가장 방해가 되는 요인이 무엇일까. 아이들 각자가 가지고 있는 점에 기준을 두고 그것을 끄집어내기보다 기준점을 바깥—특목고, 좋은 대학, 좋은 직장, 외제차, 대기업—에 찍는 것이라고 한다. 내 안에 있는 점, 장점을 찾아내어 열심히 살다 보면 인생에 어떤 점들이 뿌려질 것이고 그 점들이 어느 순간 연결돼서 별이 된다고 강조한다. 스티브 잡스의 명언 Connecting the dots와도 같은 맥락이다. 내가 가진 것을 들여다보고 다른 사람과 어떻게 다른지 찾아내는 것. 이것이 나만의 무기가 되고 인생의 승부처가 된다.

'본질'에서 저자는 파블로 피카소의 'The Bull' 연작을 예로 들어 설명한다. 피카소가 했던 작업은 소를 그리면서 빼고 또 빼는 과정을 거쳐 본질만 남기는 일이었다. 여러 가지 매체(미디어)가 경쟁하는 오늘날, 힘은 '콘텐츠'에 있다고 강조한다. 콘텐츠는 '사람을 어떻게 움직이는가'에 대한 메커니즘이다. 복잡한 현상 너머 본질에 집중하라는 것이다. 본질을 발견하려는 노력, 본질이 아니라고 생각되는 것은 포기할 줄 아는 용기, 자기 자신을 믿는 고집이 있어야 자아가 곧게 설 수 있다. 본질은 곧 자존으로 연결된다.

'고전'의 힘은 시간을 이겨냈다는 데 있다. 고전(문학, 음악, 그림)에 담겨있는 본질이 사람들의 마음속에 감동을 불러일으킨다. 어느 순간 받아들이고 느끼게 되면 관심을 가지게 되고 궁금해져서 알려고 하면 문이 열리면서 막힘없이 몸과 영혼을 타고 흐른다. 많이 알기보다 깊이 보고 듣기를 강조한다. 고전에는 사람을 움직이는 힘이 있고 그건 고전이 가진 본질의 힘으로 통한다.

'견見'에서는 시인의 힘, 똑같은 것을 보고 다른 것을 읽어 낼 수 있는 힘에 대해 말한다. '발견'은 문학의 힘이고 과학의 힘이다. 아이디어의 시작은 경험이고, 창의력은 현장에 있다. 제대로 보고 제대로 듣는 것, 한 번이라도 '깊이 본 것'이 아이디어가 되어 공감을 불러일으킨다. 기회나 아이디어는 어디에나 있지만 그것을 볼 줄 아는 눈을 가지기 위해서는 '시간'이 필요하다. 시간을 들여 천천히 바라보면 세상 모든 것이 다 말을 걸고 있다. 참된 지혜는 본질을 이해하고 끝까지 탐구하는 데서 생겨난다. 견문見聞이란 '본질'을 꿰뚫어 보는 통찰력이다.

답은 그 자리에 있다. 정답이 있는 것이 아니라 선택이라는 뜻이다. 선택을 했다면 뒤돌아보지 않는다. 성경에는 죄악의 도시 소돔과 고모라를 벗어나다가 뒤돌아본 순간 돌이 된 여인 이야기가 나온다. '현재'에 집중하라는 뜻이다. 삶은 순간의 합이다. 삶에서 완벽한 선택이란 없고 옳은 선택도 없다. 선택을 하고 옳게 만드는 과정이 있을 뿐이다. 내 답을 옳게 만드는 '현재'는 '자존'과 통한다. 지금 이 순간 현재 내 삶에 의미를 부여하는 것. 인생에 정답은 없다. 각자의 선택이 있을 뿐이다.

여행을 하며 가족과 지내는 온전한 시간을 확보하고 공통된 경험을 만들 수 있었다. 가족과의 시간과 추억을 돈과 사진으로 살

수 있었던 여행, 다시 오기 힘든 순간을 가질 수 있었음에 감사한다. 인문학으로 밥 먹고 살기 어려울 수도, 충분히 밥 먹고 살 수 있는 부자가 될 수도 있겠지만 분명한 것은 인문학을 하면 밥이 맛있어진다.

저자는 '권위'에서 말한다. "아빠고 남편이고 실수 많은 인간이에요." 그 사람의 말이 얼마나 옳은지 보고 옳은 부분은 좋아하되 그렇지 않은 부분은 반면교사로 삼는 것이 우리 가정과 사회가 건강해지는 방법임을 강조한다. "어떤 부분에서는 잘하지만 어떤 부분에서는 잘못도 해요. 또 어떤 부분은 신뢰할 만하지만 어떤 부분은 허술하기도 해요. 이걸 나눠서 볼 줄 알아야 하는 겁니다." 진작 이 책을 읽고 그 뜻을 깨달았다면 얼마나 좋았을까. 부디 이 글을 읽는 사람들은 나와 같은 실수를 반복하지 않기 바란다.

말의 힘은 '소통', 마음을 움직이는 데 있다. 소통하기 위해서는 서로가 다르다는 것을 인정하고 상대방의 말에 귀 기울일 줄 알아야 한다. 상대방을 배려하고 문맥을 파악해야 한다. 하고 싶은 말을 제대로 세련되고 설득력 있게 전달하기 위해서는 생각을 디자인해야 한다. 소통은 본질에 집중하는 것이다. 공감을 불러일으키는 언행이 사람의 마음을 움직이고 행동을 바꾸게 하고 세상을 변화시킨다. 주변 사람들과의 공감과 소통에 문제가 없는지 되돌아보게 된다. 아이가 스스로 보호할 수 있는 힘을 가질 수 있도록 하는데 조급했던 나머지 아이의 눈높이와 재미를 배려하지 못했다. 이 실수는 소통의 부재라는 면에서 관계에 좋지 못한 영향을 주었다.

인생의 지혜를 찾기 위해 책을 읽는다. 하지만 결국 '인생'은 각자가 채워가야 하는 빈 공책이다. 무엇을 어떻게 채울 지는 내게 달려있다. 인생이 그릇이라면 무엇을 어떻게 담을 지는 요리사인 내가 결정하면 된다.

'아무도 걷지 않은 길을 걸어가야 하는 위험한 나이는 20대, 30대, 40대, 50대, 60대, 70대, 80대, 90대 … 인생은 젊은이나 늙은이나 누구에게나 전인미답이다. 그래서 늘 위험하지만 매 순간 흥미진진한 것이 인생이다.'

전인미답의 길을 즐기기 위해서는 인간의 불완전함을 인정하고 실수에 휘둘리지 않는 태도를 견지하는 것이 중요하다. 가본 적이 없는 길인데 길을 걸으며 당연히 실수할 수 있다. 살다 보면 좋은 순간도 있고 힘든 순간도 분명히 있다. 나만 그런 게 아니니 실수를 못 견디고 좌절하지 말라는 말이다.

"우리는 몸에 병이 없기를 바라지만 그건 불가능한 일이다."

"인생은 개인의 노력과 재능이라는 씨줄과, 시대의 흐름과 운이라는 날줄이 합쳐서 직조된다."

모든 인생은 의도대로 되지 않고 똑같이 반복되지 않으며 전인미답前人未踏이다. 인생에 공짜는 없지만 반드시 기회는 찾아온다. 그러니 내가 가진 것을 들여다보고 잡아야 한다. 나만 가질 수 있는 무기, 거기서 인생의 승부가 갈린다. '인생'은 '자존'이고 '본질'에 집중해야 한다. "우리는 언제든지 이길 수 있다. 우리는 언제든지 질 수 있다." 인생이 내 마음대로 되는 건 아니지만 스트라이크존을 넓혀놓을 수는 있다. 우선순위를 분명하게 하고 순위에 따라 차례차례 도전해 보자. 좋은 대학 가고 좋은 직장을 가지는 게 끝이 아니다. 한번 이겼다고 자만하지 말고 한 번 졌다고 기죽지 않는 자세가 필요하다. 인생은 마라톤이다.

하루하루를 성실하게 살고 인생은 (바람직한 의미에서) 되는 대로 산다는 자세. 성실하게 산 하루하루의 결과가 인생이다. 모든 선택에는 정답과 오답이 공존한다. 지혜로운 사람은 자기의 선택을 정답으로 만들어내고 어리석은 사람은 자기의 선택을 후회하며 오답으로 만들어버린다. 후회 없는 삶이란 그런 것이다. "때로는 눈 딱 감고 단순하고 무식하게 밀고 나가는 것이 깊이를 만들어주고 한 걸음 더 나아가게 하는 힘이 되어줍니다. 정답·오답에 대한 강박을 갖지 말고 바보처럼 단순하게 내 판단을 믿고 가길 바랍니다." 저자 박웅현은 말한다. 행복은 풀과 같다고. 풀은 사방 천지에 있고 생명력이 강하다. 어떤 조건에서도 의미와 행복을 찾아낸다면 살아가는 게 그렇게 힘들지 않을 것이라고 끝맺고 있다. 묵묵히 전인미답의 길을 걸어가고 있는 우리 인생 파이팅입니다!! (2022년)

뤄양(洛陽낙양)으로 가는 길

작년부터 유튜브를 시청하기 시작했다. 유튜브는 짧은 숏폼이 인기지만 내 시작은 긴 시리즈였다. 강연뿐 아니라 영화와 드라마를 통해 '인간과 세상'에 대한 이해를 넓히고 싶다고 생각했다. 거의 한 달여간 중국 사극, 도교적 세계관이 반영된 선협물 등 처음 보는 신세계에 빠져 지냈다. 드라마에 반영된 중국인들의 세계관도 독특했고, 현대기술이 적용된 컴퓨터 CG 화면 구성과 색감도 환상적이었다. 여행은 발로도 하지만 눈으로도 할 수 있다는 걸 실감했다. 집안에서 소파와 한 몸이 되어 휴대폰 유튜브만 봤더니 운동이 너무 부족해졌다는 경보가 울렸다. 그즈음 '이야기 따라 삼천리 산행'을 시청하다가 산행을 시작했다.

　상당한 시간이 흐른 지금까지도 기억에 남아있는 인상적인 작품이 <장상사長想思>다. <장상사長想思>에서는 여주인공을 둘러싼 다양한 남성 캐릭터들이 나온다. 이 가운데 '매력적인 백발의 구두요괴九頭妖怪'가 꽤나 인상적이었다. 머리가 아홉 개인 요괴가 변신한 모습이 어찌나 멋있던지. 배우의 이름을 찾아보고 외울 정도였다. 가수 출신 배우 단건차. 어떤 노래를 불렀는지도 찾아보았다. 그의 노래 가운데 심금을 울리는 노래를 발견했다. '일념무명一念無明'. 내게도 즐겨 듣는 중국노래가 생겼다.

　<삼생삼세십리도화三生三世十里桃花>에는 선협과 윤회관이 섞여있다. 중국드라마(중드)에는 복숭아꽃, 연등, 영리하고 힘 있는 여우족 출신 남녀주인공, 영계와 영존, 선계와 선족, 요계와 요괴(또는 요족), 마계와 마족이 많이 등장한다. 각각의 세계와 신들에게도 층위가 있고 권력이 작동한다. 인간을 물론이고 천신과 마왕, 요괴조차도 반드시 대가를 치러야 한다. 강력한 번개(벼락)는 신으로 오르기 위한 시험이거나 잘못했을 때의 벌로 작동한다. 이것이 현재 중국인의 세계관이자 중국문화의 특징이다. 실패와 고통은 성공으로 가는 길에 꼭 거쳐야만 하는 '통과의례通過儀禮'다. 세상이, 사람들이, 나 자신마저도 내 뜻대로 되지 않는다는 것을 알고, 받아들이고, 견뎌야 할 때가 있다. 몸을 낮추게 된다.

<경경삼사卿卿三思>, <영안여몽寧安如夢>, <장월신명長月燼明>은 윤회와 환생을 통해 주인공들이 다시 한번 더 기회를 얻고 전생의 악연을 현생의 좋은 인연으로 바꿔 간다는 내용이다. <창란결蒼蘭決>과 <장월신명長月燼明>에서는 남주의 의상이 매우 멋지고 예술적이었다. 중드는 남주와 여주의 케미와 얼굴합을 중시한다. 두 주인공의 조화로운 분위기와 어울림이 중요하다는 뜻이다. 환상특급이다. 다만 내가 유튜브로 본 건 원작이 아니라 몇십 회에 이르는 방대한 분량의 시리즈를 주인공들의 서사 위주로 축약해 놓은 요약본이었다. 돈 주고 사서 보지는 않았다. 본격적으로 시간을 낭비하지는 않았다는 뜻이다. 옛날 사람이라 모름지기 영화란 아이맥스 영화관의 커다란 화면에 빵빵한 스테레오를 지원받으며 집중해 관람하는데 돈 주고 보는 의의가 있다고 생각하는 까닭이다.

　처음 본 중드는 1부 <성한찬란星漢燦爛>, 2부 <월승창해月勝滄海>라는 제목의 드라마다. 첫 장면은 주인공인 후한(동한) 시대 장수가 전쟁에서 승리하고 돌아와 성문 밖에 도열해 있는 장면이었는데 마치 진시황의 병마용을 보는 듯했다. '뤄양洛陽'이라고 적혀있는 성문의 현판이 클로즈업되던 장면이 머릿속에 캡쳐되어 있다. 이 글의 제목에 낙양이 나오는 연유다. 주인공들의 비주얼과 조화, 영화의 전반적인 분위기는 고전적이면서도 현대적이다.

여주인공 캐릭터는 '신데렐라'와 '캔디'를 합해놓은 여성상이다. 한나라 스타일로 고증한 헤어스타일과 복장도 이국적이다. 주인공을 중심으로 편집한 요약본을 보았는데 전반적으로 매우 인상적이어서 신선한 충격을 받았다.

<성한찬란星漢燦爛> 시리즈를 촬영하는 동안 찍은 비하인드 필름에서 감독의 활약을 보고 고 이 영화가 잘 만들어질 수밖에 없었겠구나 생각했다. 감독에게서 뿜어져 나오는 담백하고 겸손하고 따뜻한 아우라가 인상적이었다. 이 드라마는 후한 광무제 때를 배경으로 하는 원작 소설을 각색한 것이다. <성한찬란>에서 "성한"이란 은하수를 가리킨다. 한족들의 나라, 별처럼 찬란했던 후한 광무제 치세를 상징하는 단어라고 생각된다. 중국 한족들의 정체성이 형성되던 때가 한나라다. 한족, 한자라는 말이 이때 생겨났다. 2부 <월승창해月勝滄海>라는 제목도 멋지다. 멀리 보이는 자그마한 달이 아니라 넓은 바다를 덮을 만한 웅장한 달을 뜻한다. 스케일이 굉장하다. 하늘에는 드넓은 은하수가 흐르고 바다에는 달이 가득. 엄청나게 큰 달 그릇에 넓은 바다가 담겨있다고 보면 되겠다. 드라마 뒷부분은 후한 건국시기가 국경에서 벌어진 수많은 전쟁과 반란의 연속이었음을 보여준다. 처음 보는 중국사극이 얼마나 인상적이었는지. 주연 남녀 배우가 누구인지 이름이 무엇인지, 후한 때 우리나라는 어느 시대였고 어떤 상황이었

는지 찾아보게 되었다. 유튜브 시청이 고대 중국사와 한국사의 관계에 대한 관심으로 확산되었다.

<성한찬란>의 배경이 되는 후한(동한) 광무제 때는 고조선古朝鮮이 이미 전한(서한) 무제에 의해 멸망당하고 고조선의 고토에 낙랑 등 한사군漢四郡이 설치되어 있던 시기였다. 만주와 한반도 일대에는 한나라 식민지인 한사군·진한·변한·마한·신라·부여·고구려·백제·가야 여러 소국들이 할거하고 있었다. 광무제는 한사군 중 2개 군을 비효율성이라는 명분으로 폐쇄하고 낙랑군을 새롭게 정비했다. 한나라 역사가 잘 와닿지 않았었는데 이제는 술술 이해가 잘 되었다. 흉노(훈족)의 이동, 한나라가 점령한 실크로드의 경제적 역할과 세계사에 끼친 영향, 동서교역의 역사를 이해하는데 큰 도움이 되었다.

중드 대부분이 한결같이 변하지 않고 몇 천 년을 윤회해도 또다시 만나고 알아가며 사랑하는 연인들을 조명하고 있다. 한마디로 영원한 사랑이 주제다. 과연 그럴까? 너무 절절하지만 그런 사랑이 희귀하기에 그렇게 찾고 그리는 것이겠지. 드라마 속에서 이들의 사랑과 믿음에는 조금의 틈이나 배신도 없다. 어떻게 그럴 수 있지? 이전에는 당연하다고 생각했지만 정신적, 경제적 파산을 겪은 뒤로는 당연한 것은 없다는 생각을 가지게 되었다. 사랑과 믿음이 산산조각 나서 마음에 박혀 있다가 비만 오면 그렇

게 수시로 아프다. 가능하면 평생 알고 싶지 않았는데 알게 되어 버렸다. 파편과 그에 따르는 고통을 평생 안고 가야겠지. 그래도 스르르 녹아 없어지거나 '킨츠키'처럼 수술에서 예술로 승화할 수 있지 않을까 기대해 본다. 어떻든 내 마음은 어린 시절과 젊은 시절에도 별로 움직여본 적이 없던 여로를 찾아 두리번거린다. 아마도 곧 '낙양'을 방문하고 싶다. 다만 치안이 담보되지 않는 중국에 혼자 가기는 무섭다. (20231120~20240920 성암산 자락에서)

번뇌를 씻는 망천수忘川水, 몰입

너무나 고통스러워 '망천수忘川水' 세례라도 받고 싶었는데 마침 '망각의 강'을 소재로 만든 드라마를 보게 되었다. 망천수는 중드 <동궁東宮>에서 극을 전개하는 중요한 모티브이자 동력으로 등장한다. 중드 <삼생삼세 십리도화三生三世 十里桃花>는 도교적 세계관으로 제작된 드라마다. 신선이 더 높은 신선으로 승격하기 위해서는 인간세계의 시련과 고통을 겪어야 하는데 선계仙界로 돌아온 여주인공은 상선(上仙, 높은 신선)이 되었음에도 인간이었을 때 겪은 괴로움을 잊기 위해 기억을 지우는 음료수를 마신다. 그리스·로마 신화에서는 '레테의 강'이고, 한국 드라마

<도깨비>에서는 저승사자가 망자(죽은 자)에게 주는 "차 한 잔"이다. 차는 저승으로 가기 전에 이승의 기억을 잊게 만드는 장치다. 불교 관점에서 이생의 모든 인연에서 벗어나 해탈에 이르게 하는 매개체다.

간간이 도지는 발작에 몸부림치며 산산이 부서진 마음을 어떻게 추스를까 헤매다 유튜브에 빠져들었다. 중드 <화피畵皮>를 보고 마음을 고쳐먹었다. 고통을 느낄 수 있는 인간의 심장을 가지고 있는 것만으로도 감사한 일이기에 그 고통조차 감사하게 받아들였다. 자기 몸 안에 인간의 심장을 지니고 싶다는 여우의 소원은 간절했지만 불가능에 가까운 일이었다. 아름다운 외모를 가졌더라도 따뜻한 인간의 심장을 가진 이는 여인이고 그렇지 못한 자는 여우. 이 둘의 간극은 하늘과 땅만큼 차이가 크다. 정말 인간의 마음을 얻기가 너무 어렵다. 마음은 무상無常하고 변하기 쉽다. 마음은 물과 같은 것인가. 법륜스님 법문처럼 변하기 쉬운 것이 마음의 속성이다. 있다가도 없고 없다가도 생긴다. 마음은 시간처럼 스스로 내야, 확보해야 생기는 것이다.

<동궁東宮>을 보며 나와 비슷한 고통에 공감하며 울고 웃었다. 가장 믿고 사랑했던 사람의 배신은 심신을 갈기갈기 찢어놓았다. 인간에게 불을 나누어 주는 사랑을 베풀었다가 신의 벌을 받고 새에게 심장을 쪼이고 먹혔다가 회복하고 다시 쪼이고를 반복하

며 영원한 고통에 몸부림치는 프로메테우스처럼. 그래도 견뎌야 했다. 어머니라는 이름으로 의연해져야 했다. 여행, 유튜브, 공부, 임장, 산행에서 도움을 구했고 몰입했다. 매번 부서지고 추스르고, 벌어지고 꿰매야 하는 상처가 잘 아물기를 간절히 기원했다. 시간이 지나면서 남자주인공이 왕후와 후궁을 희생으로 삼아 '권력'과 '사랑'을 다루는 방식이 보이기 시작했다. 인현왕후와 장희빈 모두를 불행에 빠뜨렸던 조선시대 숙종처럼. 인간의 본성이 눈에 들어오고 마음에 와 닿는다.

영화 <무량無量>에서 신선한 충격을 받았다. 감동의 여운이 너무나 짙어 호를 무량이라 지을까 생각했을 정도다. 영화 전편에 섬세하고 절제된 탐미주의 색채가 인상적이었다. 누가 만든 작품인지 호기심이 생겨서 찾아보았다. 마침 궈징밍(郭敬明곽경명) 감독이 <무량無量>과 <화피畵皮>를 촬영하면서 찍은 비하인드 필름이 있었다. 남성인지 여성인지 모르겠는 외모와 목소리, 작은 체구, 확실한 자기 자신만의 작품세계, 부드러운 리더십을 발휘하는 매력적인 감독이었다. 본인이 대본을 직접 썼다고 하는데 네이버에서 찾아보니 소설가 겸 영화감독이었다. 이런 사람도 있었네. 이렇게 영화를 찍는구나. 천재의 면모를 보는 것 같았다. 배우들의 장점을 격려하고, 위로하며 저렇게 영화를 만드는구나. 저런 따뜻한 눈빛과 배려와 말로 배우를 성장시키고 잠재력을 이끌어내는구나. 천지개벽天地開闢을 맛보았다. 이걸 보려고 한 달 내내 중국 필름에 빠져 살았나 보다.

그런 다음 <산하령山下令>을 보니 왜 중국인들이 이 드라마에 열광했는지 어느 정도 이해가 갔다. 강력하고 아름다운 악인 남자 둘이 주인공이다. 주제는 사랑에 대한 고찰이다. 그리스에선 자유로웠던 행위들이 히브리 문명을 거치며 죄악시되었고 오늘날에는 수용적인 시각과 부정적 선입견이 뒤섞여있는 동성애(퀴어 영화)보다는 약간 강도가 낮은 브로맨스(Bromance) 드라마다. 일반 중국인은 열광하고 중국 정부는 방영을 막거나 수정을 지시하는 주제이기에 찍어놓고도 검열에 걸려 방영하지 못하는 경우도 많다. 결국 중요한 것은 서로에 대한 끌림과 신뢰, 책임감이 아닐까 싶다.

마음은 영원할 수 있는가. 과연 변하지 않는 마음, 영원한 사랑이 있기나 한 건지. 만약 다음 생이 있다면 다시는 만나고 싶지 않다는 마음이 들 만큼 아프다. 10년 전만 해도 '다시 태어나도' 다시 만나고 싶다고 큰소리쳤는데 10년 후에 이렇게 될 줄 누가 알았겠는가. 그때는 공교롭게도 그걸 물어보는 사람들이 있었기에 자신만만하게 대답했었다. 이제는 그 무엇도 마음대로 되는 게 없다는 걸 알고 있으니 이것저것 가리지 않고 연연해하지 않을 뿐이다. 10년 만에 상황이 변했고 마음도 변했고 사람도 변했다.

　<동궁東宮>의 그들처럼 시원하게 망천수 세례를 받고 싶다. 그럼에도 갈등은 사라지지 않는다는 사실도 안다. 또 다른 고통의 시작일 뿐이다. 결국 사실은 드러나고 현실은 냉혹하다. 문제는 여전히 꼬여있고 어디서부터 풀어야할지 실마리는 묘연하다. 가족을 배반하고 사랑과 부귀영화를 누리겠다는 건 자해나 자살행위다. 한 사람은 죽음을 택할 수밖에 없었고 한 사람은 삶을 살아내야 했다. 각자가 책임을 졌고 그 누구도 해피엔딩이 아니다. 오늘도 망천수에 목마르다. 일과 놀이에 몰입하는 것이야말로 망천수로 만든 차 한 잔의 여유다. (20231120~20240920 성암산 자락에서)

남해 노도櫓島에서
만난 김만중과 한글 소설

　일상에 파묻혀 시간 가는 줄 몰랐다. 고개를 들어보니 가을이 광장 한복판을 달려가고 있었다. 화창한 날씨다. 오늘은 문학기행 가는 날이다. 부산여성문학인협회가 주최하는 행사이다. 부산여성문학인협회를 조직하고 발전시킨 창시자는 어머니다. 통영과 남해는 어머니의 고향이자 문학의 요람이다. 내일은 어머니 생신이다. 생신을 축하하고 기념하는 마음으로 하루 일찍 나섰다. 남해 노도는 분명 어머니의 문학세계 어느 지점에 위치한 의미 있는 장소일 것이다. 남해 금산사는 가봤지만 노도는 어디지? 어디로 가든 아름다운 남해 바다를 만날 수 있겠지.

버스 창밖으로 저 멀리 바다가 보이기 시작했다. 순간 여느 바다와는 다를 것이라는 직감이 스쳐 지나갔다. 어느새 길은 길에 연하여 바다는 바다에 연하여 섬은 육지에 연하여 아름다운 세계가 펼쳐졌다. 청명한 가을하늘, 따뜻한 가을 햇살과 코발트블루 바다가 어우러져 반짝반짝 빛났던 가장 아름다운 바닷길이었다. 사천시 삼천포에서 남해군 창선도로 건너가는 제법 긴 도로였다. 그렇게 남해 바다를 새롭게 만났다. 남해 바다의 아름다움을 온몸으로 받아들이는 순간 그리스·터키·크로아티아에서 만났던 코발트블루 지중해로 이어졌다. 따뜻하고 시원한 아름다움. 남해 바다에서 지중해를 떠올렸듯 지중해를 보면 남해 바다의 아름다움을 떠올리게 될 것 같다. 내 마음에 대한민국 남해 바다와 이태리 지중해를 이어주는 다리가 생겼다.

노도는 남해 벽련마을 선착장에서 바로 건너 보이는 삿갓 모양의 섬이다. 조선시대 문신 서포 김만중의 유배지는 남해도에서 다시 배를 타고 건너가야 하는 노도櫓島였다. 섬의 섬으로 유배 보내는 것도 모자라 위리안치圍籬安置라니. 숙종에게 미운털이 단단이 박혔나 보다. 위리안치는 유배된 죄인이 외부와 접촉하지 못하도록 가시로 울타리를 만들어 집 밖으로 나오지 못하게 하는 것으로 유배형 중에서도 가장 가혹한 형벌이다. 대부분 유배 생활 동안 암묵적으로 어느 정도 자유롭게 나다닐 수 있었지만 위리안치는 집안에 감금되어 있어야 한다는 뜻이다.

　노도에 상륙해서 가장 먼저 눈에 들어온 것은 한글 기념조형물이었다. 조선시대 한글이라고 하면 15세기 중엽 세종의 '훈민정음訓民正音' 창제와 반포, 16세기 말~17세기 초 허균의 한글 소설『홍길동전』이 대표적이다. 그런데 '김만중과 한글'이라니 둘의 조합이 매우 낯설었다. 노도 답사 덕분에 김만중이 소설『구운몽九雲夢』과『사씨남정기謝氏南征記』를 한글로 썼다는 사실을 알게 되었고 국문학사에서 김만중의 한글소설이 가지는 의의에 주목하게 되었다. 김만중은 중국 중심 문화관(화이론, 華夷論)에 반론을 제기한 조선의 양반 관료였다.

　　"우리말을 버리고 다른 나라 말을 통해 시문을 짓는다면 이는 앵무새가 사람 말을 하는 것과 같다."(『서포만필西浦漫筆』)

　한글로 쓴 문학이 진정한 국문학이라는 뜻이다. 김만중은 한글을 언문(諺文, 속된 말, 상스런 말)이라고 폄하하던 다른 양반들과 달리 '한글'의 기능과 역할을 높이 평가했다. 우리의 정서는 우리글에 담아야 제맛이 난다고 생각했다. 유배지에서 한글소설『구운몽九雲夢』과『사씨남정기謝氏南征記』를 집필했다. 구운몽이란 아홉 가지 꿈, 곧 구름같이 덧없는 인생을 뜻한다. 유배지에서 자신의 인생을 반추하며 쓴 글이다. 더욱 놀라운 점은 『구운몽九雲夢』에서 진취적이고 능동적인 여성상을 그려냈다는 점이다. 김만중의 진보적인 사고와 소신, 행동하는 용기에 경의를 표한다. 남존여비의 유교 관념과 한족 문화를 숭상하는 사대주의가 판치던 시대에 한문漢文문화 기득권에 얽매이지 않고 '한글의 의의와 우수성'을 꿰뚫어 본 선각자였다. 조선여성의 주체성과 능동성을 발견하고 소설의 여주인공 캐릭터로 살려내었던 탁월한 통찰력의 소유자이기도 했다. 이런 점에서 김만중의 감수성과 지적 세계는 조선시대 천재이자 자유로운 영혼을 지닌 이단아 허균과 일맥상통한다. 이태리에 단테, 영국에 셰익스피어, 독일에 괴테가 있다면, 조선(Korea)에는 허균과 김만중이 있다. 이들은 자국의 정서와 문학을 자국의 문자로 표현했던 선각자였다. 허균과 김만중은 한글의 중요성과 의의를 간파했고 몸소 한글 소설을 집필해 우리의 정서를 표현했다는 점에서 세계문학사에 빛나는 '시대정신의 표상'이다.

이 두 사람의 정치색(정당)은 완전히 달랐지만 천재성은 한가지였다. 허균은 동인이자 북인. 김만중은 서인이자 노론. 두 사람 다 정쟁에 휘말려 비참한 말로를 맞이했다. 영남(嶺南, 경상도) 사림史林들은 수많은 사화士禍를 당하면서도 끈질기게 살아남았다. 조정에 진출해 선조를 왕위계승자로 추대했고 이를 계기로 정권을 장악했다. 정적 훈구파들은 노쇠해 자연스럽게 사라졌다. 당쟁黨爭은 정권을 잡은 사림들이 인사문제로 동인과 서인으로 갈라져 싸우면서 시작되었다. 선조 때 수많은 동인 가문들이 서인 정철에 의해 억울하게 죽임을 당하고 멸문지화를 당했다. 살아남은 동인들은 서인에게 관대했던 남인과 서인에게 강경한 입장이었던 북인으로 갈라졌다. 광해군이 즉위하면서 북인이 집권했지만 인조반정으로 광해군이 폐위되고 서인이 집권하면서 북인은 제거되었다.

이후 서인과 노론(서인에서 갈라져 나온 일파)은 조선이 멸망할 때까지 250년간 장기 집권했고, 권력을 장악하기 위해 가문에서 중전을 배출하는데 사활을 걸었다. 이른바 물실국혼勿失國婚. 대대손손 왕의 외척을 독점해 권력을 누리며 왕권을 견제하는데 총력을 기울였다. 이런 맥락에서 역린을 건드리면서까지 남인과 연계된 후궁 장옥정(장희빈)을 견제하려고 애썼던 인물이 김만중이다. 왕권에 도전하는 신권. 이에 대한 숙종의 분노는 김만중의 유배지를 남해도가 아니라 남해도에서 또 배를 타고 들어가야 하는 절해고도 노도로 정하는 데 이르렀다. 골수 서인 김만중은 숙종과 힘겨루기 하던 신하들의 본보기로 제거되었다. 동료들이 김만중의 유배를 풀고자 숙종에게 여러 번 간언했으나 소용이 없었다.

숙종은 왕권 강화를 위해 남인과 서인을 번갈아 등용하는 이른바 환국정치換局政治를 실시하며 신하들을 견제하고 약화시키는 전략을 구사했다. 남인과 장희빈, 서인과 인현왕후, 김만중 모두 숙종의 아집(또 다른 변덕)과 왕권강화책의 희생자였다. 김만중은 아버지 김익겸의 성정을 물려받은 것 같다. 김익겸은 강화도가 청나라 여진족 군대의 공격에 무너지자 (강화도 수비 책임자가 아닌데도) 폭사로 자결했다. 김만중은 왕에 대한 간언과 견제가 직무였던 사헌부·사간원·홍문관 출신답게 옳다고 생각하는 바를 위해 직언을 서슴지 않았다.

김만중은 대왕대비 조씨의 친척인 조사석이 좌의정으로 임명된 것은 후궁(장희빈)의 어머니와 친해서 연줄을 대었기 때문이라며 직설적으로 숙종의 인사를 비판했다. 서인이 그러했듯이 김만중 역시 자신의 뿌리이자 운명공동체인 서인의 장기 집권을 위해 헌신했다. 서인 가문 출신인 인현왕후가 소생이 없어 서인이 정치적으로 불리하던 상황에서 남인과 연결된 후궁 장옥정(후일 장희빈)을 견제하는 일을 자신의 소임으로 알고 최선을 다했다. 개인이 죽임을 당하고 한 가문이 몰락하더라도 당(지연과 학맥)을 통해 추념(향사)되어 영속할 수 있었기 때문일까. 실물 초상화를 모사했다고 하는 그의 초상화를 보면 김만중의 성정은 매우 꼿꼿했던 것 같다.

창작의 산실 유배지에서의 유배문학. 정약용처럼 오래 살아남아서 한글 저서를 많이 남겼으면 참 바람직했을 텐데 노도에 유배된 지 4년을 넘기지 못하고 돌아가셨다. 병사라고 하지만 영양실조도 한몫했을 거 같다. 어머니의 죽음이 아들에 대한 걱정과 염려로 인한 거라는 자책도 작용했을 것이다. 효자였던 김만중은 어머니를 위해 한글로 소설을 지었다. 『사씨남정기』에서는 인현왕후를 폐위하고 희빈 장옥정을 중전으로 삼은 숙종에게 간하고 싶은 말을 전했다. 여러 세월이 지났다. 숙종은 서인과 인현왕후에게 힘을 실어주는 한편 장희빈에게 죽음을 명했다. 글의 힘, 주문 효과라고 할 수 있을까. 김만중의 염원은 그렇게 실현되었다. 이후로도 200년 동안 조선은 서인과 노론의 나라였다.

　남해 노도를 방문한 다음 달 대전에 갈 일이 생겼다. 유성구는 박정희 대통령이 경제 개발 5개년 계획의 일환으로 조성한 연구단지 중심 도시로 우리나라 과학 발전의 요람이다. 전민동(조선시대 회덕현) 광산 김씨 묘역에 김반(김만중의 증조부)과 김익겸(김만중의 아버지)의 묘소가 있고, 인근에는 숙종 때 내린 김만중의 효자정려각과 김만중을 기념하는 문학비, 충효 소설비가 세워져 있다. 문학비에는 '어머니를 그리워하며(思親)'라고 새겨져 있다. 김만중은 외가인 현재의 대전시 유성구 전민동에서 자랐다. 김만중 가문의 근거지가 현재의 대전 유성구 전민동이었다는 사실을 알 수 있었다. 이렇게 점과 점을 연결하니 별이 되어 떠올랐다.

남해 노도 여행을 마무리하며 언젠가 김만중의 『서포만필』을 읽어봐야겠다는 생각이 들었다. 노도의 '김만중 문학비'는 김만중의 『서포만필』에 주목해 연구를 시작했던 학자의 염원으로 세워진 기념물이다. 김만중은 노도에서 되살아나 남해의 문화자원이 되었다. '남해 유배문학관'에서 김만중을 또 만날 수 있었다. 부산으로 돌아오는 길에 김선아 이사장님의 기지로 남해 앞바다 노량대교 전망대에서 이순신 삼도수군통제사를 뵐 수 있었다. 이순신 장군이 목숨을 다했던 장소가 남해 앞바다 노량진이었다. 남해는 호국의 역사와 유배문학의 산실이다. 이번 남해 답사에서 어머니의 삶과 문학, 세계관의 한 자락을 볼 수 있었다.

다음날은 어머니 생신이었다. 모처럼 딸 세 명이 뜻을 모아 어머니 생신을 축하하러 와주신 문인들에게 따뜻한 점심을 대접해 드렸다. 먼 길 와주시고 함께 해주셔서 정말 고맙습니다. 다시 한 번 감사의 마음을 전합니다. (2023년 10월)

대구 간송미술관과 전형필

　간송澗松미술관은 40년 전 대학 역사학과에 재학할 때부터 명성이 자자했다. 그러나 직접 가서 볼 기회가 없었다. 서울 성북구 성북동에 있는 '간송미술관'은 일제식민지시기에 지은 '보화각'에서 이름을 바꾼 사립 미술관이다. 간송 전형필全鎣弼이 수집했던 소장품들을 수장하고 있지만 전시 공간으로 쓰기에는 좁았기에 일반인에게 전면적인 개방을 하기 어려운 상황이었다.
　세월이 흘러 경산에서 대구한의대 교수로 재직하게 되었고, 수업 준비를 하면서 대구에 간송미술관 분관이 개관 예정이라는 기사를 보게 되었다. 이 일을 추진한 대구시장과 행정공무원들의 문화 감각과 추진력에 정말 감탄했다. 서울에서도 보기 어려운 국보급 문화재들을 대구에서 볼 수 있게 되다니 정말 대단한 일이다. 수업 시간 간송 전형필의 삶과 업적에 대해 강의하며 간송이 수집한 문화재들의 사진도 보여주었다. 우리가 미술 교과서에서 보거나 한국의 대표적인 문화재라고 인식하고 있던 작품 대부분이 간송미술관 소장품이었다. 간송의 문화재 수집과 보존 노력이 없었다면 오늘날 국보급, 보물급 작품들이 국내에 남아있지 못했을 것이다. 학생들에게 곧 국보급 문화재들을 대구에서 보게 될 것이니 개관하면 꼭 가보라고 말하곤 했다.

개관을 기다렸다. 애초 계획보다 몇 년이 늦어졌다. 가끔 개관일을 찾아보면서 일상이 흘러갔다. 그러다 우연히 차를 타고 대구미술관 근처를 지나게 되었는데 주차장에 차도 많고 오가는 사람들도 많이 보여 무슨 일인가 했다. 이곳은 경산 가까이에 있는 대구시 수성구 외곽이라 사람들의 왕래가 없는 편이었기 때문이다. 집에 돌아와서 인터넷 검색을 해보고서야 '대구 간송미술관'이 2024년 9월 개관해서 개관기념전시 중이라는 사실을 알게 되었다. 아~ 그래서 그랬구나. 미술관 측에서 홍보도 했겠지만 사람들의 관심과 호응이 이렇게 뜨거울 줄은 미처 몰랐다. 그래도 내가 촉은 있구나, 개관 바로 직후에 우연히라도 알아차리게 되었으니까.

이제라도 간송의 수집품들, 국보와 보물을 직접 볼 수 있게 된 상황이 신기했다. 다음날 경산 집에서 차로 10~15분 거리에 있는 간송미술관 주차장에 차를 대고 입구를 찾아갔다. 그런데 이게 웬일인가. 인터파크를 통해 입장권을 예매해야 관람이 가능했다. 그 많은 사람들이 다 예매를 해놓고 입장하고 있었다. 줄 서서 기다릴 수는 있지만 언제 들어갈지 모르는 상황이었다. 한 발 후퇴했다. 예약하고 와야지. 집으로 돌아와 간송미술관 입장권을 예약하기 위해 인터넷에 접속했지만 그날로부터 거의 한달치가 만석이었다. 추석 연휴 기간에도 자리가 없었다. 사람들의 뜨거운 관심을 실감했다. 알고 보니 강남 대치동 사는 동생 성민이와 조카 문정이도 벌써 보고 갔다고 한다. 흥! 나한테 연락도 안하고 왔다 가다니. 서울 사는 사람도 기차 타고 내려와서 보고 갈 정도로 인기 폭발이었다.

어머니에게 대구 간송미술관이 개관했다고 말씀드렸다. 어머니는 서울 DDP에서 간송 컬렉션을 관람한 적이 있고 간송미술관 소장 문화재의 가치를 잘 알고 있었기에 2024년 가을 부산여성문학인협회 답사 일정에 넣게 되었다. 단체관람은 인터넷이 아니라 대구 간송미술관에 전화를 해서 따로 예약해야 했다. 그렇게 43명이 간송미술관을 관람했다. 조선시대 '진경산수화'를 창안한 화가 겸재 정선의 대작 산수화, 혜원 신윤복의 풍속화와 미인도, 유네스코 세계기록유산으로 등재된 국보『훈민정음 해례본』을 만나볼 수 있었다. 신윤복의 미인도는 좀 큰 그림으로 벽에 걸려있었다. 틀어 올린 머리카락의 볼륨이 살아 움직이는 듯했다. 신윤복의 풍속화는 조그만 화첩 속 그림이었다. 여성의 치마와 남성 두루마기의 강렬하고 선명한 붉은 색감이 무척 인상적이었다. 문인화가 심사정의 그림 '촉잔도권'은 길이가 8m 넘는 엄청난 대작이라서 놀라웠다. 이런 대작도 있다는 사실을 처음으로 알게 되었다.

간송 전형필은 수집품도 대단하지만 20대 어린 나이에 막대한 재산을 상속받고도 허투루 쓰지 않고 의미 있게 살았다는 데 더 큰 감동을 받았다. 양부모, 친부모, 형제들이 있었지만 모두 사망했다. 마지막 남은 형마저 젊은 나이에 세상을 떠나면서 혼자가 되었고 양가로부터 막대한 유산을 상속받았다. 일반적으로 어린 나이에 혼자가 되면 방황하고 방탕하기 쉬운데 전형필은 복이 있었다. 주위 사람들로부터 좋은 영향을 받았기 때문이다. 외숙부가 길을 안내했고, 외사촌 역사소설가 박종화도 훌륭한 모델이 되었다. 휘문고등보통학교에 진학하면서 인연을 맺은 미술 선생님인 서양화가 고희동을 통해 독립운동가이자 천도교 지도자, 문화재 감식안이 뛰어난 오세창을 만났다. 무엇보다 오세창을 스승으로 모시고 배우면서 본격적으로 문화재의 가치와 수집, 보존에 눈을 뜨게 되었다. 일찍이 간송 스스로 문화재 수집을 취미로 해 오고 있었던 데다 오세창을 통해 신뢰할 만한 거간꾼을 소개받아 문화재 수집에 많은 도움을 받았다. '간송澗松'은 오세창이 지어준 이름으로 전형필이 가장 즐겨 썼던 호號다.

전형필의 전기를 읽고 크게 배운 점이 있다. 간송은 오세창을 스승으로 모시고자 했는데 첫 방문 때 스승으로 모시고 싶은 분의 마음을 움직일 수 있는 선물을 준비해 갔다는 점이다. 그 선물은 오세창의 아버지가 감상평을 남긴 문화재였는데 오세창이 간송에게 마음을 열고 제자로 받아들이게 된 중요한 요인이었다고 본다.

우리 인생에 늘 꽃길만 있는 것이 아니듯이 좋은 사람들에 둘러싸여 있어 정말 다행이라고 생각했던 간송도 배신의 쓰라림을 겪었다. 해방 후 일어났던 학교재단 횡령사건이었다. 재정을 맡겼던 인물이 큰 횡령을 하는 바람에 학교가 휘청거렸다. 간송은 재단의 빚을 갚느라고 고군분투했고 그 과정에서 병에 걸려 투병하다가 55세 나이에 돌아가셨다. 지금 내 나이보다 적은, 비교적 젊은 나이에 세상을 떠났다. 횡령으로 인한 배신의 충격과 경제적 어려움에서 비롯된 스트레스가 원인이었을 것으로 생각된다.

장지는 양주군 노해면 원당리 집안 선산, 현재 서울특별시 도봉구 방학동 431번지였다. 전형필의 종로 생가는 재개발로 소실되었고, 말년에 경기도 양주군 노해면 방학리(현재 서울특별시 도봉구 방학동)에 지었던 옛집은 한때 소실되었지만 도봉구청 주관 하에 2015년 복원되어 '간송 옛집'으로 개장했다. 인근에 간송 묘소도 있다. 겨울방학이 끝나기 전에 꼭 들러볼 작정이다. (2024년)

제4장 영축문학과의 인연

영축산 통도사 길 위에 서다

　초여름 어느 날 동대구로 가던 나는 문득 울산역(통도사역)에 내렸다. 양산 영축산 통도사로 향한 의지의 첫걸음이었다. 월간지 『여기』에 내야 할 원고 주제 '통도사의 창건주 자장율사'에 관한 영감을 얻기 위해서였다. 인생의 바다를 항해하다 거센 풍랑을 만나 흩어져가던 나에게 좋은 인연을 이어준 귀인은 어머니와 글쓰기였다. 이렇게 통도사와 자장율사를 만나게 되었다. 그리고 얼마 뒤 밝은 바닷가에서 전복죽을 먹으며 얼떨결에 회비를 내고 영축문학회 회원이 되었다. 날이 좋은 한여름 어머니와 함께 영축산 통도사 방장 성파스님을 뵈러 가는 길에는 도라지꽃 보라색

구름이 하늘하늘 웃고 있었다.

인생의 전환기가 찾아왔다. 안정적이라고 생각했던 재정 상황과 가족관계에 심각한 문제가 생겼다. 결혼 후 30년 동안 큰 위기 없이 대체로 평안했다. 그런데 이번엔 달랐다. 알고 보니 안으로 문제가 곪아 터지고 있었다. 등기부등본에 알 수 없는 것들이 표기되었다 지워졌다 수상한 낌새가 나타나기 시작했다. 그게 징조였다. 그러나 관성에 빠져 있던 나는 알아차리지 못했다. 설마 그런 일이 일어날 거라고는 상상도 하지 못했다. 수많은 글을 읽고, 드라마와 영화를 보았음에도 눈앞의 조짐을 놓치고 있었다. 결과는 처참했다. 가장 믿을 수 없었던 현실은 가장 믿었던 사람에게서 날아온 배신의 칼날이었다.

어느 날 한 통의 통지서를 받았다. 처음에는 그게 무슨 의미인지 몰랐다. 당사자에게 물어보니 별거 아니니 걱정하지 말라고 해결할 수 있으니 괜찮다고 했다. 그렇게 2년이라는 시간이 지나갔다. 그러나 괜찮아지지 않았다. 금이 가기 시작한 거울은 결국 산산조각이 나고 뭐가 뭔지 모른 채 뿔뿔이 흩어졌다. 한 세계가 닫히고 있었다. 불가항력이었다. 심연으로 가라앉고 있었다. 허우적거리다 몸에 힘을 뺐다. 힘이 빠졌다. 그제야 수면으로 떠올라 숨을 쉴 수 있었다. 그렇게 마음이 가는 대로 인연이 이어지는 대로 글쓰기를 시작했다. 영축산과 통도사로 가는 치유의 길이었다. 주위를 돌아보았다. 소나무 가지 사이로 바람이 춤추고 있었다.

　신라 선덕여왕 때 대국통. 분황사와 황룡사 주지를 역임한 자장율사에 관한 이야기를 찾으면서 고려시대 일연스님이 저술한 『삼국유사』'자장정률'조에 이르게 되었다. 자장율사 관련 한국과 중국 기록 가운데 한글로 번역되어 일반인도 쉽게 접근할 수 있는 문헌자료이다. 일연스님의 책 속에 자장율사와 그의 행적이 살아 숨쉬고 있었다. 이렇게 통도사를 개창한 신라 대국통 자장율사와 『삼국유사』를 기록한 고려 국존 일연스님이 연결되었고, 일연스님의 출생지이자 내 직장이 있는 현 거주지 경산의 의미가 빛나기 시작했다. 경산은 원효 · 설총 · 일연, 세 분의 성현이 태어난 고장이다. 내 거주지 도로명 주소는 삼성현로이다. 경산 출신의 일연스님이 지은 『삼국유사』, 경산에 살고 있는 나, 통도사와 자장율사의 인연이 이어지게 된다.

　감당하기 어려운 시련이 덮쳐왔을 때. 도저히 이해할 수 없고 해결할 수 없는 상황에 두려움을 느꼈을 때. 망망대해 깜깜한 어둠 속에서 출구가 보이지 않았을 때. 그대로 받아들여야 했다. 그러나 계속 머물러 있을 수는 없었다. 나를 둘러싼 환경을 바꿀 필요가 있었다. 삶을 긍정적으로 성공적으로 전환할 수 있는 귀인과 인연이 닿기를 소망했다. 그 선한 영향력으로 늪에서 떨쳐 일어날 수 있기를 바랐다. 신뢰의 문은 닫혔지만 또 다른 문이 열렸다. 그 문으로 새로운 세상을 향해 나아갈 수 있었다.

주위를 돌아보게 되면서 다른 것들이 눈에 들어오기 시작했다. 더 넓은 세계를 보았다. 통도사와 자장율사에 대한 공부를 하며 새로운 사실을 알게 되었다. 세상이 어떻게 연결되어 있는지, 무엇이 핵심인지도 다시 생각해 보게 되었다. 선덕여왕과 진덕여왕의 치세를 안정시키며 삼국통일의 기반을 마련했던 역사적 인물에 대해 다시 조명해 볼 수 있었다. 기나긴 통일전쟁의 길 위에는 중생의 혼란과 죽음, 고통을 치유하고자 최선을 다했던 신라 고승들이 함께 있었다. 오늘날에도 일상의 전쟁 속에서 소리 없는 아우성으로 고통 받고 있는 중생을 구제하기 위해 곳곳에 영혼의 쉼터와 치유소가 있다. 통도사와 소나무 숲, 영축산과 산자락에 퍼져있는 암자들, 스님과 보살들, 영축문학회가 그 중심에 있기를 기원한다.

유튜브로 들여다본 세상은 천태만상이었다. 인터넷 공간에도 고통은 널려 있었고 치유는 계속되었다. 시야가 넓어졌고 마음은 더 넓어졌다. 나를 돌아보고 반성하고자 했다. 알고서 모르고서 지었던 잘못에 대한 업보를 달게 받아야 했다. 악순환의 고리, 집착을 끊어야겠구나. 몸을 가꾸기 위해 지속적으로 운동하듯이, 몸을 청결하게 하기 위해 매일 씻듯이, 한 번에 되는 일은 없구나.

마음도 늘 닦아주어야 하고, 마음의 근육도 키워줘야겠다. 영축산 정상의 영험한 바위 기운과 통도사 소나무 숲이 나를 부르는 듯하다. (2021년)

통도사 영산전 다보탑과 크리스마스트리

　삶의 무더위와 장마에 눅진해져 있던 7월, 무위자연無爲自然으로 흘러가던 마음 한구석에서 이래서는 안 되겠다는 불안감이 스멀스멀 피어오르기 시작했다. 김유신이 마음을 다잡기 위해 애마의 목을 쳤듯이 나 자신을 다잡기 위한 결단이 필요한 시점이었다. 그때 생각난 것이 경주 남산연구소에서 운영하는 답사 프로그램이었다.
　경주 남산에는 야외박물관이라고 할 만치 불교문화를 비롯해 각종 문화재가 산재해 있고 주차별로 다양한 답사코스가 준비되어 있다. 8월 초 일요일 답사코스에 무조건 신청했다. 점심 도시락을 지참하는 온종일 답사코스로 길은 대체로 등산에 준했다. 불볕더위에 연일 열사병으로 쓰러지니 조심하라는 경고 문자가 날아오는 시점에서 객관적으로 보면 미친美親 몸짓이었다. 그러나 그만큼 나를 일으켜 세워야 한다는 절박함과 "한번 해보자"라는 마음이 더 컸다. 세상이 어디 합리적으로만 돌아가던가. 도대체 무엇이, 어떻게 하는 것이 합리적이고 객관적이란 말인가.

 날씨는 맑았지만 지독한 무더위가 예상되는 아침이 밝았다. 점심도시락을 준비하고 신발을 신고 집 밖을 나섰다. 아름답고 친한 사람은 아마도 나 하나일 거라고 생각했는데, 답사 인원은 안내자 포함 총 6명이었다. 어머나. 아름다운 사람들이 의외로 있으시구나. 여성 동지들이 나 포함 셋이어서 다행이고 감사했다. 되돌아보니 무더위에 땀 한 바가지, 중간 중간 처음 보는 사람들과 나누어 먹었던 채소와 점심, 안내자가 찍어준 단체사진 덕분에 추억을 남길 수 있었다. 땀이 비 오듯 흘러내렸지만 그보다 받은 선물이 더 많았다. 한 발자국 내딛는다는 게 어떤 파장을 불러 일으킬 수 있는지 체험한 순간이었다.

 가장 멋진 선물은 코스 마지막에 '경주 남산 탑곡 마애조상군'을 직접 볼 수 있었다는 점이다. 여러 번 사진으로 보면서 저긴 꼭 가서 직접 보고 싶다고 생각했던 곳이다. 몽골군의 침략으로 불탄 '황룡사 9층 목탑'의 설계도나 그림이 남아있지 않은 상황에서, 후대의 사람들이 참고할 수 있는 신라시대 9층탑이 커다란 바위에 새겨져 있다는 설명이 들은 적이 있기 때문이다. 신라 '선덕여왕'의 치세를 대표하는 황룡사 9층 목탑의 모습을 궁금해 하는 데서 시작된, 역사문화에 대한 관심이었다. 가까이서 보니 영기가 서린 신비한 바위의 자태가 매혹적이었다. 실감이 났다. 역시 현장에 와 봐야 해.

황룡사 9층 목탑은 선덕여왕의 긴급한 부름을 받고 당나라에서 귀국한 '자장율사'의 건의에 따라 건축되었다. 황룡사지에 남아있는 초석으로 미루어 80m 높이의 거대한 탑이었을 것으로 추정된다. 경주 어디에서나 우뚝 솟은 탑의 위용을 볼 수 있었다고 한다. 탑에는 부처님의 힘으로 외적의 침입을 막고 민심을 수습하며 왕권을 안정시켜 삼국통일의 위업을 이루겠다는 염원이 담겨있었다. 이후 자장율사는 경남 양산 영축산에 들어가 통도사를 창건하고 적멸보궁을 조성해 부처님의 정골사리頂骨舍利를 비롯한 진신사리眞身舍利를 모셨다. 이렇게 단편조각들을 꿰어 맞춰가다 보니 인연들이 보이기 시작했다.

통도사通度寺에는 내가 가장 좋아하는 벽화 그림들이 있는데 그 가운데 하나가 영산전靈山殿 다보탑 벽화다. 처음 봤을 때도, 이후로도 상당 기간 "크리스마스트리가 왜 절에 그려져 있지?" 참 신기해했다.

"트리 안에 집이 있고 창문을 통해 안에 사람들(알고 보니 석가여래와 다보여래)도 보이네!" 이후로 통도사에 올 때마다 가보았는데 보고 또 봐도 너무 신기하고 예뻤다. 우리나라에서 '부처님 오신 날' 절에 달아두는 연등들은 수평적 구도가 대부분이다. 그러니 통도사 영산전 서쪽 벽에 수직으로 단계단계 아름답게 늘어진 구슬과 종으로 화려하게 장식된 그림의 실루엣을 처음 본 순간 크리스마스트리가 떠올랐지, 탑이라고 생각하지 못했다. 그때까지 불교 지식이 거의 없었고, 기독교 마인드를 갖고 있었기에 그렇게 보였던 것이리라. 이후 불교 문화재에 대한 설명을 찾아보면서 조금씩 알아가기 시작했다.

『영축문학』원고 제출을 위해 이 글을 쓰면서 또 찾아보았다. 관련 지식을 인식하게 되면서 머릿속 시냅스가 연결되었다. 크리스마스트리라고 느꼈던 벽화는 18세기 숙종 때 재건한 영산전의 벽화 '견보탑품도見寶塔品圖' 다보탑 그림이었다. 어디에도 몇 층이라는 설명이 없어서 직접 세어보니 9층이었다. 한편 경주 남산 탑곡 마애조상군 가운데 제일 큰 북면 바위(9m 높이)에는 '법화경'에 나오는 '견보탑품' 한 쌍이 새겨져 있다. 석가여래(석가모니 부처님)를 상징하는 9층 동탑과 다보여래를 상징하는 7층 다보탑으로 되어 있다. 탑 끝에는 각 층마다 풍경이 달려있었다. 바람에 춤추는 솔밭과 풍경風磬 소리가 눈에 선하다.

이렇게 알고 싶고 신기하고 아름다운 탑들이 하나로 연결되어 어떤 탑이고 무엇을 뜻하는지 알게 되었다. 경주 탑곡 마애 탑을 통해 불타버린 신라시대 황룡사 9층 목탑의 모습을 상상해 볼 수 있다. 탑곡 큰 바위 북면에 새겨진 석가탑과 다보탑은 석가모니 부처님이 인도 영축산에서 '법화경'을 설법하는 장면을 묘사한 '견보탑품도'다. 양산 통도사 영산전 서쪽 벽에 그려져 있는 아름다운 그림도 '견보탑품도'의 다보탑이다. 그리고 경주 토함산 불국사에는 석가탑과 다보탑이 있다. 불국사 다보탑은 10원 동전 뒷면에도 있다.

다보탑은 석가모니 부처님이 영축산에서 『법화경』을 설법할 때 다보여래多寶如來가 보탑의 모습으로 땅속에서 솟아나 석가모니의 설법이 진리임을 증명한다는 내용을 형상화한 탑이다. 통도사 크리스마스트리 벽화는 『법화경』에 나오는 「견보탑품」을 그린 다보탑 벽화이다. 산타할아버지가 선물 주는 날, 들뜨고 행복한 날, 솜눈이 내려앉은 나뭇잎 위에 아름다운 색색의 전구가 반짝이던 예쁜 나무들, 아름답고 장엄한 노래가 울려 퍼지던 공간, 인류를 구원할 구세주가 태어난 날을 축하하는 크리스마스트리는 그렇게 영취산 통도사 영산전 벽화 속에 다보여래와 석가여래로 이어졌다.

다보여래와 석가여래(다보탑과 석가탑) 그림은 축복받은 가정의 중심을 이루고 있는 어머니와 아버지를 상징하는 것 같다. 어린 시절 부산 수영 옛집 마당을 생각하면 겨울마다 아버지가 어른키보다 훨씬 큰 소나무에 사다리를 타고 올라가 반짝이는 둥근 별을 달고, 색색으로 반짝이는 띠를 두르고, 전구를 달고, 솜으로 눈을 만들어 얹어 크리스마스트리를 만들었던 기억이 떠오른다. 성가대가 우리 집 대문 앞에서 구세주의 탄생을 알리는 노래를 부르러 오면 노래가 끝나기 전에 얼른 뛰어나가 어머니가 준비해 둔 감사선물을 드렸다. 결혼해서 아이를 낳고 나서도 크리스마스 때면 동네 교회에서 민기와 정현이가 등장하는 크리스마스 공연을 보던 기억이 아스라하다. 산타 대신 선물을 준비해 아이들 머리맡에 두고, 아침에 일어난 아이들이 기뻐하는 모습을 흐뭇하게 지켜보았다.

그러나 어느 순간 아이들은 산타의 비밀을 알아차렸다. 아이들은 공부에 집중하고 나도 일에 바빠 신경을 쓰지 못하는 사이 그렇게 크리스마스트리는 사라졌고 주위는 삭막해졌다. 그리고 한참 세월이 흘러 이제 통도사 영산전에서 크리스마스트리를 발견했다. 이후 불교문화재에 관심을 가지고 인터넷으로 찾아보고 유튜브를 시청하며 불교에 관한 이야기를 알게 되었다. 영축문학회 원고 덕분에 기억과 추억과 경험을 더듬어 좌충우돌 '통도사의 크리스마스트리'에 대한 이야기를 풀어보았다.

오늘도 무작정 한 발짝 내딛는 것으로 시작했다. 지금 여기 이 순간 그래도 인연이 닿았는지 돌고 돌아 점들이 하나로 이어져 둥근 원으로 통하게 되니 참 감사하다. (2023년)

통도사 서운암에는
춤추는 사자와 고래가 있다

 통도사 산문의 울창한 송림을 통과하며 기분이 상쾌해진다. 차에서 내려 솔바람과 함께 거닐고 싶은 마음이 든다. 차 문을 내린다. 솔숲과 바람과 꽃과 풀이 어우러진 봄날의 달콤하고 따스한 향기를 한껏 들이킨다. 통도사 경내에 들어와 있음을 실감했다. 서운암 입구에서 장경각 마당으로 올라가는 길에는 전국 각지 여러분들이 '전국문학인꽃축제'에 출품한 시화들로 펄럭였다.

 차를 타고 휙 지나가는 찰나에도 눈을 크게 뜨고 내 시화를 찾았다. 나란히 동생 성현이와 문인들의 시화도 활짝 피어나 있었다. 그렇게 시화는 들꽃으로 피어나 눈길 가는 곳마다 사람들의 마음과 생각, 표현의 향연에 시간 가는 줄 몰랐다.

오늘은 통도사 서운암通度寺 瑞雲庵에서 '전국문학인꽃축제'가 열리는 날이다. 설렘을 안고 사뿐히 걸음을 내딛었다. 행사 시작 전이다. 찻집에서 차를 마시고도 좀 여유가 있다. 아버지가 서운암에서 통도사까지 걸어가 보자고 하신다. 서운암 장경각 마당에서 서운암 본채로 가는 샛길로 탐험을 시작했다. 눈앞에 금낭화, 야생화 가득한 '비밀의 정원'이 펼쳐졌다. 금낭화는 섬세한 복주머니를 풍성하게 늘어뜨리고 진홍빛 하트를 날리며 복을 나누어 주고 있었다. 구하는 사람들, 알아챈 사람들, 보물찾기하는 사람들이 조금씩 모여들기 시작했다.

서운암 장경각藏經閣 마당에 올라서면 사방이 시원하게 트여있다. 연초록으로 깨어난 봄은 산에 연하여 끝없는 실루엣으로 뻗어나간다. 그럴 때면 숨을 쉬고 싶어진다. 깊고 크게 들이쉬고 천천히 내쉬어 본다. 꽃축제가 시작되었다. 불교 조계종 종정 성파 대종사를 비롯해 통도사 주지 현덕 스님, 서운암 감원 서송 스님, 전국문학인꽃축제 김선아 운영위원장, 내외귀빈의 축사가 영축산 기운을 넘실넘실 타고 꽃송이 되어 내려앉았다.

이날 장경각 뜰에서는 사자와 사람이 뛰놀고 고래와 물고기도 함께 춤을 추었다. 축제다. 한바탕 신나는 놀이판이 펼쳐졌다. 칭찬은 고래도 춤추게 한다. 신은 사람을 춤추게 한다. 춤은 경건하게 바쳐지는 축제 의식이다. '통도사 서운암 전국문학인꽃축제'는 부처님과 승려, 일반인, 꽃과 동물, 중생이 다함께 어우러지는 시공간이다. 다음에는 특히 앞자리에 앉을 경우 지폐와 얼음 생수, 에너지바를 준비하는 것이 좋겠다. 춤추는 사자의 신명과 관객의 재미를 북돋우기 위해.

서운암 장경각 뜰 연못에는 고래가 산다. 어떻게 연못에 고래가 사냐고? 종정 성파 큰스님이 울산 반구대 암각화를 나전옻칠로 재현해서 연못에 넣어두었기 때문이다. 바람에 물결이 일렁인다. 고래는 바다 속에서 노닐다 가끔 물 밖으로 고개를 내밀고 숨을 쉰다. 가만히 연못을 들여다보면 햇빛에 반사되어 반짝이는 색색의 고래들이 뛰놀고 있다. 더 많이 더 자주 들여다볼수록 고래들은 더 신나게 춤을 춘다. 처마 아래에는 물고기가 유영하고 있다. 바람이 불면 풍경소리로 화답한다. 바람과 물, 구름과 풍경風磬, 꽃과 나뭇잎이 다함께 춤을 춘다.

아버지와 함께 장경각 내부의 16만 도자 대장경을 둘러보았다. 해인사 팔만대장경(고려 재조대장경)이 국난 극복을 상징한다면, 성파스님이 조성한 16만 도자 대장경에는 통일의 염원이 담겨있다. 그전에는 무심코 지나갔지만 이번에는 펼쳐서 전시해 둔 대장경판을 자세히 들여다보았다. 고려국 대장도감大藏都監에서 발간한 『대반야바라밀다경大般若波羅蜜多經』이라고 되어 있었다. 간단하게 우리가 『반야심경般若心經』이라고 알고 있는 경전의 모태다. 팔만대장경은 『대반야바라밀다경大般若波羅蜜多經』으로 시작된다는 걸 알게 되었다.

아버지는 서운암에 갈 때마다 3천 불상을 방문하고 인사드린다. 경건하게 불전함에 시주하고 정성을 다하여 엎드려 절하신다. 나도 합장 인사해 본다. 성파스님께서 도자기로 구워서 조성한 불상들이다. 3천 불상의 색과 모습이 조금씩 다름에 눈길이 간다. 유약을 바른 불상도 있고 바르지 않은 불상도 있어서 표면도 빛깔도 가지각색이다. 10개의 틀로 구워서 자세도 다르다. 화룡점정으로 불상의 눈을 그리면서 표정도 다양해졌다. 약함을 든 불상도 있다. 한 분 한 분 가만히 들여다보며 3천 불과 대화를 나누는 시간을 가져도 좋을 것 같다.

서운암에 가면 가장 먼저 또는 나중에라도 들르는 곳이 있다. 찻집이다. 참새가 방앗간을 그냥 지나치지 못한다. 고소한 커피 콩빵과 군고구마의 고소한 향기, 시원하고 따뜻한 차에 이끌려 저절로 문을 열고 들어서게 된다. 또 다른 이끌림도 있다. 여러 가지 불교용품들을 구경하는 것이다. 작고 예쁜 호신용 장식품도 다양하다. 가장 눈길을 끄는 건 성파스님의 작품 도록이다. 어떻게 저렇게 디자인과 색채를 다양하고 강렬하게 표현할 수 있는지 경이롭다. 성파 대종사를 친견할 때면 펼쳐져 있던 금빛 '금강산

1만 2천봉 병풍'도 인상적이었다.

절집을 방문할 때 조사전祖師殿에 들러보곤 한다. 역사가 오랜 절일수록 그 절을 창건한 개산조사開山祖師와 역대 주지 스님이 누군지 어떤 모습인지 궁금하기 때문이다. 불교에서는 창건이나 창시를 뜻하는 말로 '개산'이라는 단어를 사용한다. "산을 열다." 멋진 표현이다. 초상화를 봐도 누군지 잘 모르겠으면 이름표를 읽어본다. 아는 분이면 좀 더 반갑고 친근하게 보게 된다. 대체로 역사적 인물이다.

승복의 디자인과 색채가 선명하고 다양해서 힙하다고 느낄 정도다. 통도사 개산조사 자장율사의 초상화는 의자의 붉은 등받이에 초록 장삼과 적색 가사가 강렬한 대비를 이루는 가운데 안쪽에서 흘러내리는 흰색 옷소매의 풍성한 곡선이 매듭의 절제미와 함께 인상적인 아름다움으로 다가왔다. 앞에는 깔 맞춤 초록 신발이 잔잔한 구름무늬, 세련된 색감의 디자인으로 가지런히 놓여 있었다. 검이불루 화이불치(儉而不陋 華而不侈)의 멋이다.

어머니는 부산여성문학인협회와 함께 조계종 종정 중봉 성파 대종사의 뜻을 받들어 해마다 '전국문학인꽃축제'가 성대한 축제로 자리 잡는데 온 힘을 쏟았다. 누구나 꽃을 볼 때면 순수한 아름다움에 이끌려 다가가게 된다. 화려하든 소박하든 통도사 서운암 '열린 들판'에 핀 할미꽃, 들꽃들도 다 아름답고 정겹고 귀

엽다. 꽃은 약하고 무용해 보이지만 사람의 마음을 움직이는 힘을 갖고 있다. 불교에서도 꽃은 중요한 상징성을 갖고 있다. 부처님께 드리는 주요 공양물 가운데 하나가 꽃이다.

　해마다 봄이 오면 꽃과 문학, 사람이 어울려 축제의 향연이 펼쳐지는 곳. 통도사 서운암 넓은 뜰엔 생기 있고 매력적인 꽃들이 가득하다. 바람도 나무도 꽃도 풀도 고래도 사자도 다함께 신나게 춤을 춘다. (2024년)

신라 대국통大國統 자장율사慈藏律士

1. 마음 한가득 물음표가 흩날리던 길

영축산! 통도사靈鷲山 通度寺로 가는 길은 선경이다. 초여름날 오후 산자락을 돌며 춤추는 바람에 송이송이 풍성한 솔잎이 뭉게구름으로 피어난다. 솔숲 사이를 내달리는 바람은 눈부신 푸르름으로 하늘과 길을 비춘다. 계곡 여기저기 하얀 바위들이 시스루 차림으로 잔잔한 물놀이를 즐기며 편안하고 넉넉한 마음으로 미소 짓는다. 물소리, 바람소리, 솔향기 가득한 길이 이어져 드라이

---

1 인도 영축산은 석가모니 부처님이 법화경을 설법한 영산회상의 법지였기에 그 이름을 따랐다고 한다.

브로도 산책로도 모두 좋았다. 자장율사를 만나러 나선 길이었다. 무엇이 신라 진골이었던 그로 하여금 모든 것을 버리고 고행을 통해 깨달음을 간구하도록, 불교에 귀의하도록 만들었을까. 마음 한가득 물음표가 솔바람에 흩어졌다.

절 어귀에는 구하스님, 월하스님을 비롯해 여러 스님들의 사리탑(부도, 浮屠)이 세월 따라 가지런히 모여 있었다. 하산하는 길 따라 왼쪽으로 크고 작은 바위들이 가까이 멀리 끝없이 늘어서있고, 바위에 빼곡하게 새겨진 크고 작은 이름들이 눈이 들어왔다. 1723년(경종 3)부터 1900년대 초까지 양반, 관료, 거부, 친일매국노, 일본인, 스님, 기생, 내시, 지식인 등 다양한 사람들이 남겨놓은 방명록이었다. 그들의 수행과 풍류, 영욕과 욕망은 솔밭 사이사이 석물과 바위에 새겨져 있다. 이름은 비바람에 조금씩 깎이고 있지만, 소리 없는 법문으로 말을 걸고 아직도 선명한 아우성으로 눈길을 끌었다. 현재 파악된 각명자刻銘者(이름을 새겨놓은 사람) 만 1,800여 명이라고 하니 혼자 걸었으되 군중 속에 있었다.

자장율사는 영축산(일명 취서산) 바위벽(자장암) 아래에서 수도를 하며, 손가락으로 바위에 구멍을 뚫어 개구리의 거처를 마련해주었다고 한다. 통도사 입구 '땅바우공원' 유래에 의하면 이 지역에는 예로부터 기묘하게 생긴 큰 바위들과 소나무가 어우러져 있었다. 선사시대 종교적 흔적으로 보이는 바위구멍이 여러 군데 남아있으며, 바위 언덕에는 비석들이 꽂혀있던 자리가 남아있다고 한다. 정말 그랬다. 통도사에서 입구까지 이어지는 길 따라 우거진 솔밭 사이로 크고 작은 바위들의 향연. 뭐라 말로 표현할 수 없는 독특한 분위기가 감돌고 있었다. 이곳은 통도사 건립 이전부터 신성한 땅이었을 가능성이 높다.

자장율사 역시 신령스러운 기운을 체험했기에 646년 영축산에 '통도사'를 창건하고 '금강계단'을 조성해 석가모니 부처님 진신사리를 모셨다. 이후 승려가 되고자 하는 이는 '금강계단'에서 계를 받고 불교에 귀의하는 법도가 확립되었고, 통도사는 불보사찰로 명성을 날렸다. '통도사'라는 이름에는 승려가 되려는 사람은 모두 금강계단을 통해야 하며, 모든 진리를 회통하여 중생을 제도한다는 의미가 담겨있다고 한다. 금강계단은 통도사의 핵심공간으로 신라 불교의 정화와 혁신을 상징했다. "그로부터 계를 받으려는 사람들이 구름처럼 몰려들었다. 이로 인하여 생활을 혁신하여 힘쓰게 된 사람이 열 집 가운데 아홉 집이었다."고 전해진다. 계율을 확립해 불교계를 정화하고 질서를 확립하는 한편 신라인들의 일상생활에도 큰 영향을 끼쳤다. 통과의례를 통한 불교 대중화의 첫걸음이었다고 하겠다. 통도사에서는 자장율사의 제사일인 음력 9월 9일 전후 개산대재(절의 창건일을 맞아 여는 큰 법회)를 개최해 통도사를 창건한 자장율사를 기리고 있다.

원래 현 통도사 자리에는 아홉 마리 용이 사는 큰 연못(구룡지)이 있었는데 자장율사가 용들을 제압해 통도사를 창건하고 부처님의 사리를 모신 금강계단을 조성했다. 또한 경내에 연못을 만들고 구룡 중 한 마리를 그곳에 살게 해 통도사를 지키도록 명했다고 한다. 금강계단과 대웅전 바로 옆에는 산신을 모신 산령각과 구룡지가 공존하고 있다. 불교가 민간신앙을 아우르며 우리 땅에 정착하고 세력을 확대할 수 있었던 비결이 아닐까.

오늘날에도 전북 고창 문수사 자장굴을 비롯해 전국 명산의 영험한 바위와 동굴 곳곳에는 무녀와 무속신앙인들이 기도로 밝힌 촛불과 촛농이 눈물로 흘러내리며 뭉게구름으로 피어나고 있다. 산사에는 산불 방지를 위한 전기 촛불이 불자들의 간절한 기도를 극락으로 인도하고 있다. 산사가 산신각을 품고 있듯이 한국인들의 생활과 정신세계에는 민간신앙과 불교신앙이 공존하고 있다.

불교는 새로운 외래 종교였다. 신라왕들은 왕권 강화에 불교를 활용하고 싶어 했지만, 신라인들은 낯선 종교에 강한 거부감을 가졌다. 신라의 신성한 숲을 훼손해 절을 지었다는 죄목으로 순교했던 이차돈, 눈물을 머금고 사형을 명했던 법흥왕, 둘 다 불교 공인을 위해 피나는 노력을 기울였다. 통도사 창건과정에서 등장하는 '구룡지' 연못 설화는 토착세력(의 반발과 순응)을 상징한다. 불교는 계율을 확립하면서도 전통문화와 풍습을 포용하며 신라인들의 마음 문을 열고 더 가까이 다가갈 수 있었다.

응진전 내부 호랑이 벽화와 호랑이를 안고 있는 나한상, 극락전 외부 벽화 '용선을 타고 물을 건너는 조선의 복색과 헤어스타일을 한 사람들 모습'에서 토착화된 불교신앙을 엿볼 수 있었다. 불교문화유산에는, 예를 들어 (네 마리 사자) 석등에는 사자가 등장하는데 우리나라 산사에 적응하면서 호랑이도 함께 등장하게 된 것이 아닐까 생각해본다. 호랑이는 산신을 상징하기도 하고 잡귀신을 쫓아버리는 영물로 한국인들이 숭상하던 동물이었다.

양산 통도사 금강계단, 경주 황룡사구층목탑, 오대산 월정사 상원사. 자장이 창건한 불교건축물에는 통일을 준비하고 개척한 신라의 시대정신, 불교의 이상세계가 깃들어 있다. 자장율사는 당 태종과 고종, 신라 선덕여왕, 진덕여왕과 밀접한 관련을 맺고 변화와 혼란, 위기의 시기에 신라의 통일을 준비했던 인물이었다.

2. 선덕·진덕여왕 치세를 뒷받침한 통일 역군들

632년은 한국 역사상 신기원을 이룬 해였다. 신라 최초로, 한국 역사상 최초로 여왕이 즉위했다. 선덕여왕이다. '여왕의 치세'라는 새 길을 개척한 시대였다. 뒤이어 647년 진덕여왕이 즉위했다. 여왕에 이은 여왕의 즉위였다. '자장율사'는 여왕의 시대, 여왕의 통치를 체계적으로 뒷받침했던 불교계 핵심인물이었다.

우리는 보통 신라가 삼국통일의 초석을 다진 시기를 선덕여왕 때라고 말한다. 불교 계율과 조직을 정비한 자장율사(김선종랑), 외교를 담당한 김춘추(태종무열왕), 군대와 화백회의를 통솔한 김유신. 이들은 642년(선덕여왕11) 백제군에 의한 대야성(경남 합천)과 40여개 성 함락이라는 신라의 위기상황에서 역사무대 전면에 등장해 탁월한 역량을 발휘했다. 선덕여왕에 의해 발탁되었고, 백제, 고구려군의 침략을 맞아 국론통일과 나당연합의 기치를 높이 들고 위기를 기회로 반전시키며 통일로 가는 길을 닦았다. 이들은 선덕여왕을 계승한 진덕여왕대에도 그대로 중용되었기에 안정적이고 지속적으로 통일 과업을 수행해 갈 수 있었다.

642년 백제와의 최전선 관문이자 전략 요충지인 대야성을 비롯해 40여 성이 백제군에게 함락되었다. 국경의 관문 대야성 함락은 신라의 대위기였다. 신라 서쪽 방어선이 무너져 수도 경주가 위태로운 지경에 처했기 때문이다. 신라는 진평왕부터 태종무열왕에 이르기까지 고구려, 백제로부터 수없이 많은 공격을 받았다. 신라 진흥왕대 영토 확장에 대응해 고구려, 백제가 영토 회복 의지를 가지고 지속적으로 군사를 일으켰기 때문이다. 그러나 전시에 있을 수 있는 손실이라고 치부해 버리기엔 정치적, 군사적

타격이 너무 컸다.

문제는 이 위기를 어떻게 극복하고 살아남을 것인가였다. 선덕여왕은 평소 눈여겨 봐왔던 세 명의 인재를 발탁해 적재적소에 배치하고 국면 전환을 시도했다. 당나라에 보냈던 자장율사를 소환해 흔들리는 사회질서를 확립하고, 찢기고 무너져 내린 민심을 수습해 국론을 결집하도록 했다. 조카 김춘추를 외교사절로 임명해 고구려, 당, 일본에 원군을 요청했다. 김유신을 압량주(경북 경산) 군주로 임명해 전열을 정비하고 빼앗긴 성을 되찾도록 했다. 선덕여왕의 남자들. 이들의 역량은 위기 상황에서 빛을 발했다.

3. 진골 김선종랑, 불교 지도자 자장율사로 거듭나다

자장율사는 590년(진평왕 12)에 태어나 658년(태종무열왕 5)에 별세했다. 본명은 김선종(랑)으로 진골 출신이다. 그의 아버지 김무림(일명 호림)과 마야부인(진평왕의 비, 선덕여왕의 어머니)은 남매였으니, 자장율사에게 진평왕은 고모부, 선덕여왕은 사촌, 김춘추(태종무열왕, 선덕여왕의 조카)는 오촌이었다.

김선종(랑)은 뜻한 바 있어 처자와 저택을 버리고 승려(자장율사)가 되었다. 자신의 전원에 절(원녕사)을 건립했고, 고행으로 정진해 깨달음을 얻고자 했다. 안락한 거처와 소중한 가족을 버리면서까지 자장율사가 갈구했던 것은 무엇이었을까. 왕위계승권과는 거리가 먼 방계 진골의 한계에 직면했을까. 부모의 죽음으로 인한 상실감, 허무, 공허 때문이었을까. 관계와 속박을 뛰어넘어 진정한 나를 찾고자 했을까. 전쟁으로 피폐해진 세상에서 새로운 사상, 불교계에 승부수를 걸어본 게 아니었을까. 왕의 부름과 출세 유혹도 물리치며 고행으로 자신이 선택한 길을 굳건히 가고자했던 자장율사. 그에게서 석가모니의 행적이 오버랩 된다. 자장율사는 왕의 출사 권유와 압박에 굴하지 않고 계를 지키며 불교계에서 일가를 이루었다.

4. 무엇이 자장율사로 하여금 바다와 대륙을 건너도록 했나

636~638년 자장율사는 선덕여왕의 명에 따라 신라 사신단 일행, 제자들과 함께 당나라에 건너갔고, 643년 선덕여왕의 부름을 받고 귀국했다. 그전까지 자장율사는 왕(진평왕 또는 선덕여왕)의 청빙을 거절하고 수행에 정진하며 목에 칼이 들어와도 의연하게 계를 지키고자 했다. 그 마음에 변화를 불러일으킨 이가 선덕여왕이다. 여왕 즉위라는 새 시대를 열고 연호 '인평仁平'이 상징하

듯 안정적인 통치를 이어가면서 믿고 맡길만한 유능한 인재를 발탁하기 위해 공을 들였다. 선덕여왕은 사촌이자 불교계 큰 스님 자장율사에게 주목했고, 국정운영에 자문을 구하고자 했다.

어떻게 하면 자장율사의 승낙을 받을 수 있을까. 선덕여왕은 압박과 위협 대신 윈윈전략을 취했다. 당나라를 방문해 불법佛法을 접할 수 있는 구법求法의 기회를 제공함으로 자장율사의 마음을 얻는 데 성공한다. 자장율사로서는 거절할 수 없는 제안이었다. 신라 승려라면 평생의 꿈이 당나라 불교성지순례 아니었을까. 당시 신라 승려들 가운데는 불교를 더 깊이 탐구하고자 수, 당, 인도로 구도여행을 떠나기도 했지만 쉽지 않은 길이었다. 자장율사는 60대 나이였지만(남무희, 「자장의 생애 복원」), 당 태종과 신라 선덕여왕의 각별한 관심 속에서 제자들의 시중을 받으며 신라 사신단 일행과 함께 안전한 여정을 보장받을 수 있었다.

5. 당나라에서 누구를 만나서 무엇을 했나

고려시대 일연 스님은 『삼국유사』에서 "자장율사가 문수보살을 친견하기 위해 당나라에 갔다"고 기술했다. 『화엄경』에 의하면 중국 산시성[山西省산서성] 우타이산[五臺山오대산], 일명 청량산이 문수보살의 상주처常住處였다. 자장율사는 청량산을 찾아 문수보살에게 기도했으며 문수보살로부터 가사袈裟 한 벌과 사리 1백과를 받았다.

자장율사는 우타이산(오대산)에 머물며 수행하다가 태화지太和池를 거쳐 당나라 수도 장안[長安, 현재 산시성 시안陝西省 西安]에 갔다. 당 태종은 사람을 보내 자장율사를 위로하며 승광별원勝光別院에서 지내도록 했다. 자장의 거처에 당 황제까지 나선 것은 신라와의 외교관계, 자장율사의 왕족 신분이 고려된 듯하다. 그러나 자장율사는 독립적인 수행을 원했다. 편안한 승광별원을 떠나, 종남산 운제사雲際寺 동쪽 낭떠러지 바위를 잇대 거처를 마련하고 3년 동안 수행에 정진했다. 이 시기 자장율사는 화엄종華嚴宗의 두순杜順과 계율종戒律宗의 도선道宣과 교류했다. 이러한 연고로 자장율사는 귀국 후 신라에 처음으로 '화엄학'을 소개하게 된다.

642년 신라는 백제군의 공격에 전략적 요충지였던 대야성을 비롯해 40여 성을 잃었다. 국경과 민심이 흔들리면서 왕권과 국가의 명운에 위기가 감돌았다. 선덕여왕은 자장율사에게 귀국을 요청했다. 643년 자장율사는 당 태종과 태자(고종)에게 하직 인사를 했고 이들은 자장율사에게 채색 비단을 선물로 주었다. 자장율사가 당 태종, 고종과 인맥을 형성하고 있었음을 보여준다. 자장율사는 귀국하며 불경, 석가모니 부처님의 진신사리와 가사, 불상, 계율과 관련된 자료를 가지고 왔다.

6. 신라에 화엄사상을 소개하다

자장율사는 귀국 후 원녕사를 증하고 <화엄경> 화엄교법華嚴教法을 강의할 때 52명의 여인이 나타나 법을 듣고 깨달았다고 한다. 불교철학을 이해하는 여성지식인의 등장이었다. 자장율사는 남녀 구분 없이 화엄경을 강설해 신라여성들의 불경 이해와 신앙의 깊이에 상당한 영향을 끼쳤다. 제자까지는 아니라도 화엄경을 이해하고 받아들이는 여성 집단의 등장은 주목할 만한 사건이다. 제자들은 이들 여성들의 수만큼 나무를 심어 이 일을 기념했는데, 그 나무를 지식수知識樹라고 불렀다. 자장율사는 신라인들에게 최초로 화엄사상을 소개하고 전파했던 인물이다.

7. 대국통, 불교 교단의 기강을 바로 잡다

453년 선덕여왕은 자장율사를 '대국통大國統'에 임명하고 분황사芬皇↔에 머물도록 했다. 고구려 승려 출신으로 신라에 귀순한 혜량이 511년(진흥왕 12) 신라 최고 승직인 '승통'에 임명되어 신라 교단을 체계화한 이후, 기록상 신라인 최초로 '대국통'에 오른 인물이 자장율사다. 궁중에서 대승론大乘論을 설하고, 황룡사에서 보살계본菩薩戒本을 강하여 신라인을 교화하는 데 힘썼다. 승려와 비구니僧尼의 규범을 정비해 전국의 모든 승려들이 불경을 공부하게 하고 매년 봄가을 두 차례에 걸쳐 시험을 보도록 했다. 또한 한 달에 여러 번 계를 설하게 하고, 전국 지방 사찰에 순검사巡檢使를 파견하여 승려들의 과실을 징계하며, 불경과 불상을 바르게 모시도록 하는 등 교단의 기강을 바로잡았다. 계를 받아야 승려가 되도록 제도화했으며, 대국통을 정점으로 승려와 비구니 조직을 정비해 불교계의 질서 확립과 정화에 온 힘을 기울였다. 사회질서 확립은 왕권 강화와 직결되는 중요한 사안이었다.

　법흥왕이 불교를 공인한 이후 그의 뒤를 이은 진흥왕은 자타 공히 불교의 이상적인 지도자인 전륜왕으로 간주되었다. 진흥왕의 아들과 손자 손녀, 며느리 모두 석가모니 가문 사람들의 이름을 따르고 있다. 첫째 아들은 동륜태자, 둘째 아들 진지왕의 이름은 금륜(또는 철륜)이다. 선덕여왕의 아버지 진평왕(동륜태자의 아들)의 이름은 백정白淨으로 석가모니의 아버지 슈도다나의 이름에서 가져온 것이고, 선덕여왕의 어머니 이름은 마야부인으로 석가모니의 어머니 이름이다. 진평왕의 동생인 국반(진덕여왕의 아버지), 백반 역시 석가모니의 외숙부 이름에서 가져온 것이다. 선덕여왕의 이름 덕만은 석가모니의 누이 이름을 따랐다. 6~7세기 신라왕과 왕족들은 자신들의 이름을 석가모니 가문에서 가져와 짓고 신성한 혈통임을 강조하며 왕권을 강화하고자 했다. 다만 진평왕에게 적자가 없었기에 석가모니에 해당하는 왕은 끝내 태어나지 못했다. 부처의 가문에 의탁한 왕족 신성화 작업은 선덕여왕과 진덕여왕으로 마무리되었다.

8. 황룡사구층목탑 건립을 건의

자장율사가 당나라 태화太和 못을 지날 때 신인神人이 나타났다. 자장율사가 신인에게 "우리나라 신라는 북으로 말갈(靺鞨, 여진족과 만주족의 전신)에 연하고 남으로 왜인에 접하여 있으며 고구려·백제의 침범이 잦아 걱정이다"고 하자, 신인이 "황룡사 호법룡護法龍은 곧 나의 장자로서 그 절을 보호하고 있으니 돌아가 그 절에 구층탑을 세우면 근심이 없고 태평할 것이다"라고 했다. 또는 원향선사가 말하길 "내가 관심觀心으로 그대 나라를 보니 황룡사에 9층탑을 세우면 해동의 여러 나라들이 그대 나라에게 항복할 것이다"라고 했다.

643년 당나라에서 귀국한 자장율사는 선덕여왕에게 황룡사에 새 탑을 세울 것을 건의했다. 이리하여 신라는 백제 장인 아비지를 초청해 황룡사 안에 탑을 만들었고, 김용수(일명 김용춘, 김춘추의 아버지)가 공사의 총감독을 맡았다. 탑을 9층으로 만든 것은 제1층은 일본, 제2층은 중화, 제3층은 오월吳越, 제4층은 탁라(托羅, 제주), 제5층은 응유(鷹遊, 백제?), 제6층은 말갈靺鞨, 제7층은 단국(丹國, 거란족), 제8층은 여적(女狄, 여진족), 제9층은 예맥濊貊을 제압하고 통일을 이루겠다는 의지를 상징한다.

645년(선덕여왕 14) 황룡사구층목탑이 완성되었다. 높이는 상륜부 42척(약 15m), 탑신부 183척(약 65m), 전체 225척(약 80m)의 대탑으로 오늘날 아파트 30층 높이로 경주 어디서나 보이는 신라의 랜드마크가 되었다. 부처의 힘으로 외적을 물리치고, 부처의 보호를 받는다는 신라인의 염원과 믿음, 단결을 상징하는 신라 호국불교의 대표적 건축물로 평가된다. 탑의 심초석 하단에서 사리함 등의 유물이 발견되었다. 여기에도 자장율사가 당에서 가져온 진신사리를 봉안했다. 이 가운데 팔찌, 바늘통, 가위 등은 선덕여왕을 상징하는 물건으로 탑에는 선덕여왕의 왕권 강화, 호국불교 염원이 서려있다.

황룡사구층목탑 완공 후 자장율사는 황룡사 2대 주지로 시무하는 한편 통도사를 창건했다. 자장율사는 당에서 가져온 부처님 사리舍利 100립粒을 황룡사구층목탑, 통도사 금강계단에 나누어 봉안했다.

9. 나당연합의 기초를 다지다

642년 신라는 백제군의 침공으로 서쪽 국경 40여 성이 무너지는 절체절명의 위기에 봉착했다. 선덕여왕은 김춘추를 당 태종에게 파견해 원군을 요청하며 나당연합군 결성을 제안했다. 그러나 당 태종은 신라 여왕의 존재를 비웃으며 그 제안을 거절했고, 김춘추는 빈손으로 돌아왔다. 644년(선덕여왕13) 신라는 연개소문이 직접 나선 고구려군의 공격을 받고 2개 성을 탈취 당했다.

이런 상황에서 645년(선덕여왕14) 국제정세가 변화하면서 신라와 당나라 사이에 나당연합군 결성의 계기가 마련되었다. 당 태종이 고구려를 침공(제1차 고구려-당 전쟁)하면서 백제와 신라에게 고구려의 후방을 공격할 원군을 요청했다. 신라는 당의 요청에 응해 3만 대군을 일으켜 고구려를 공격했으나 패배했다. 반면 백제 의자왕은 당나라에 원군을 보내는 대신 신라를 침공해 7개 성을 빼앗았다. 부처님의 가호를 바라며 황룡사구층목탑을 세운 지

2개월, 그럼에도 신라는 내리 패배하고 있었다. 선덕여왕은 비담을 상대등으로 등용해 위기를 극복하고자 했지만, 647년 비담마저 반란을 일으켰다. 이 와중에 선덕여왕이 사망하고 진덕여왕이 즉위했다.

　진덕여왕은 선덕여왕의 측근이었던 자장율사, 김유신, 김춘추를 그대로 중용했다. 김유신은 비담의 난을 평정하고 여론을 주도해 화백회의를 제압하며 김춘추가 왕위를 계승하도록 했다. 김춘추(태종무열왕)는 아들 김법민(문무왕)과 함께 외교를 담당해 여러 번 당나라를 왕래하며 마침내 나당연합군 결성에 성공했다. 자장율사는 왕의 자문이자 정신적 지주 역할을 담당했다.

　649년(진덕여왕3) 당 태종이 사망하고 고종이 즉위했다. 태자시절 신라로 귀국하는 자장율사에게 선물을 내리는 등 자장율사와 친분을 쌓았던 인물이다. 나당연합군 결성에 소극적이었던 당 태종이 승하하고, 당 고종의 즉위라는 새로운 시대가 열렸다. 나당연합을 위한 새 외교의 기회가 열렸고, 신라는 나당연합에 준비가 되어있음을 선제적으로 보일 필요가 있었다. 649년 자장율사와 김춘추는 진덕여왕에게 당의 관복제 채택을 건의해 중국식 관복을 입게 했으며, 650년 신라 진덕여왕대의 고유 연호인 태화太和 대신에 당나라 연호 영휘永徽 사용을 건의해 실시하게 했다. 이후 신라는 당나라 연호를 사용하게 되었다. 651년(진덕여왕5)에는 당의 제도에 따라 정월 초하루 조원전朝元殿에서 왕이 백관百官의 하례를 받는 하정례賀正禮를 처음으로 실시했다. 당나라 관복제, 연호, 의례 채택과 같은 일련의 변화는 나당연합을 성사시키기 위한 타협책이었다. 나당연합군 결성이 신라의 운명을 좌우할 수 있는 중대한 이슈였기에 당나라에 충성을 보일 필요가 있었다. 친당정책은 고구려, 백제, 왜로부터 삼면 공격을 받고 있던 신라를 위기에서 구할 수 있는 방법으로 나당연합군 결성을 이끌어내는 것이 관건이었다. 얼마나 긴급했으면 진덕여왕이 손수 당 고종의 위업을 찬양하는 「오언태평송五言太平頌」을 짓고 그 글귀를 곱게 짜 넣은 베를 당 고종에게 선물했겠는가. 여러 차례 고구려를 침공했다가 연패 당하고 의기소침해 있던 당 황제와 조정은 신라 왕과 조정의 적극적인 외교 공세에 힘입어 이전에는 꿈도 꾸지 말라고 묵살해왔던 신라와의 연합군을 고려하게 되었고, 마침내 나당연합군은 백제, 고구려를 무너뜨렸다. 642년 신라는 국가의 존립이 흔들리는 큰 위기에 처했으나 자장율사·김춘추·김유신의 활약에 힘입어 대반전의 기틀을 다졌다. 660년 백제 멸망, 668년 고구려 멸망, 676년 나당전쟁 종식으로 당나라 세력을 신라 영토에서 몰아내고 삼국통일의 대업을 완수했다. 위기를 기회로 만들어 역사의 물줄기를 바꾼 한바탕 대역전극이었다.

10. 신라 문수신앙의 창시자

자장율사는 당나라 우타이산(오대산, 일명 청량산淸凉山)에서 문수보살을 친견했고, 영감과 계시에 따라 신라에 문수신앙을 전파했다. 각지에 절을 창건하고 신라 영토에 문수보살이 상주하는 불국토를 구현하고자 했다. 만년에는 신라 동북부 지역을 순례하며 문수보살 친견을 위한 노고를 마다하지 않으며 불국토 확대에 이바지했다. 자장율사는 양산 통도사, 평창 오대산 월정사와 상원사, 강릉 괘방산 수다사(水多寺, 후에 등명낙가사燈明洛伽寺), 정선 태백산 석남원(石南院, 후에 정암사淨庵寺), 설악산 봉정암·관음암(후에 오세암)·한계사(후에 백담사)·향성사(후에 신흥사), 울산 태화사, 공주 태화산 마곡사 등 10개 절과 탑을 건립했다고 전한다.

김유신이 첩자의 꾐에 빠져 고구려로 유인당하고 있을 때 나타나 김유신의 목숨을 구해준 신은 신라의 세 여·산신이었다. 선도산 성모·운제산 성모·문수산(일명 영축산) 변재천녀辨才天女·가야산 정견모주·지리산 마고할미를 비롯해 산신은 여신이었다. 불교가 확산되면서 신라의 산악신앙은 여신에서 불교로 대체되어 갔다. 경주 신유림과 전국 산에는 사찰이 건립되었다. 문수보살 상주처로 알려진 강원 평창 오대산 월정사와 상원사, 전북 고창 취령산 문수사 외에도 강원 고성 금강산 외금강 만물상 문주봉

(문수봉), 서울 북한산 문수봉, 경북 고령에서 경남 합천에 걸쳐있는 미숭산 문수봉, 용인 문수산 문수봉, 강원 태백산 문수봉, 경북 포항 내연산 문수봉. 오늘날 전국 방방곡곡에 산재해 있는 문수봉과 문수사는 자장율사가 그렇게도 열망했던 '문수신앙'의 불국토가 형상화된 모습이다.

오대산 상원사와 월정사 권역에는 조선 세조와 '문수동자'의 이야기가 전한다. 서로 자기 봤다는 말을 하지 말라며 쉬쉬했던 그 분들. 상원사 문수동자상 복장에서 심한 피부병(일설에 문둥병)을 앓았던 세조의 것으로 추정되는, 피고름이 배어난 저고리가 발견되면서 오대산은 또 한 번 문수신앙의 성지로 떠올랐다. 자장율사는 우리나라에 문수신앙을 도입해 전파한 선각자였다. 강원도 오대산 권역에는 자장율사가 개창한 문수신앙과 문수보살이 상주하는 이상세계가 펼쳐져 있다.

기록으로 전해진 자장율사의 마지막은 문수보살 친견에 실패하고 세상을 하직하는 모습으로 그려져 많은 이들을 안타깝게 하고 있다. 동서양을 막론하고 신과 보살은 변신의 귀재여서 예상치 못한 모습으로 찾아와 인간을 시험에 빠뜨린다. 우리는 고해의 바다에서 한줄기 지혜를 갈구하지만 문수보살이 어떤 모습으로 우리에게 다가올지 알 수 없다. 선입견과 고정관념을 버리고 무상無常을 깨닫는 게 지혜를 구하는 첫걸음인거 같다.

단기적으로 본다면 645년 황룡사구층탑이 완성되고 통도사 금강계단에 부처의 진신사리가 봉안되었고, 선덕여왕 재위기간 신라 각지에 25개 절이 건립되었으나, 호국불교의 기치를 내건 선덕여왕 – 신성한 석가모니 전륜왕의 가문인 성골 출신 지도자 – 과 김유신 장군은 44~52개 성을 빼앗겼다. 647년 상대등(현재 국무총리, 수상) 비담이 반란을 일으키고 김유신이 되찾은 서쪽 여러 성을 다시 빼앗기는 등 외침과 사회 혼란은 가중되었다. 상황은 김춘추가 태종무열왕으로 즉위한 후에도 마찬가지였다. 655년(태종무열왕 2) 고구려, 백제, 말갈 연합군이 신라 북쪽 변경 33개 성을 탈취했다. 신라의 국경은 여전히 불안했고 왕은 당에 사신을 보내어 구원을 요청해야 했다. 이와 같은 패턴은 진평왕, 선덕여왕, 진덕여왕, 태종무열왕 대에 반복적으로 나타난 현상이었다. 자장율사가 말년에 오대산, 태백산, 설악산 등 신라의 동북 변방에 머물렀다는 사실은 고구려와 국경을 맞대고 있는 신라인의 민심을 불교의 문수신앙으로 안정시키고 결집하고자 했던 노력으로 볼 수 있다. 한편 자장율사가 신라에서 문수보살 친견에 실패하고 그 충격으로 세상을 하직하는 모습은 선덕여왕과 진덕여왕의 치세가 흔들리고 있음을 상징적으로 보여준다.

또 다른 관점도 있다. 자장율사가 건립했던 통도사 영역은 김유신 집안의 세력권이기도 했다. 현재 영축산에는 통도사 권역의 말사 암자들과 김유신 가문의 묘소와 사당이 공존하고 있다. 김무력(김유신의 할아버지)은 금관가야 구형왕의 아들이다. 신라에 투항하여 진골에 편입되었고 진흥왕대 한강 유역을 신라 영토로 편입하는 데 큰 공을 세워 신주新州의 군주軍主를 역임했다. 579년(진지왕 4) 백제군을 방어하다가 전사했다. 진평왕은 김무력의 공적을 숭모하여 취서산(오늘날 영축산) 일대를 사패지賜牌地로 하사하고 장사지내도록 했다. 김무력의 아들 김서현은 고구려 낭비성(현재 충북 청주시)을 공격해 신라의 북방 영토를 확장했고, 만노군(현재 충북 진천군) 태수로 변방 수비에 진력했으며, 삽량주(歃良州: 지금의 경상남도 양산시) 총관이 되어 백제와의 싸움에서 여러 차례 공을 세웠다. 양산 일대는 6세기 후반부터 김무력·김서현 부자의 연고지였다. 취서산(현재 영축산)에는 김무력과 부인 박씨의 묘소가 있고, 그의 아들 김서현과 지소부인 부부묘로 추정되는 묘도 있다. 이러한 사실이 알려지면서 김해 김씨 문중에서는 영축산에 취서사鷲棲祠와 취서재를 세워 김무력과 김서현의 위패를 모시고 제사를 지내고 있다.

　영축산에 김무력의 무덤이 조성된 시기는 579년(진평왕 원년)이다. 646년 자장율사가 영축산에 통도사를 창건할 당시 이미 취서산에는 김무력 부부와 김서현 부부(추정) 묘소가 자리하고 있었다. 신라 당대 가장 강력한 두 세력이 영축산 공간을 나누어 영유했던 것이다. 한 공간을 두 세력이 공유하면서 갈등이 생겼을 수도 있다. 그러나 자장율사와 김유신, 또는 자장율사와 김춘추 사이에 알력이 있었다는 기록은 아직 보지 못했다. 게다가 양산 지역과 김유신의 직접적 인연이나 에피소드는 없다.[2] 자장율사는 말년을 오대산 태백산 권역에서 보내다가 돌아가셨다.

우리나라에 최초로 화엄사상을 도입하고 문수신앙을 창시했던 자장율사. 부처님 진신사리를 모셔와 황룡사구층탑과 통도사 금강계단에 봉안했던 자장율사. 그는 신라, 고구려, 백제, 왜, 당 주변 강대국과의 각축 속에서 혼란과 전쟁으로 고통 받고 있던 신라인들에게 질서와 계, 정신적 구심점을 제공해 국론통일과 단결을 촉구하고 호국불교와 국난극복을 기원하며 '지혜의 상징, 문수신앙' 전파에 헌신했다. 자장율사는 사후 신라 10성聖 가운데 한 사람으로 추대되어 흥륜사興輪寺 금당에 모셔졌다.

교화와 정화를 위해 계율을 중시했던 자장율사의 올곧은 자세는 신라승의 모범이 되었다. 금강계단을 조성해 보다 많은 사람들에게 계를 주고자 했던 자장율사의 노력은 불교 대중화를 지향하고 있었다. 자장율사는 생애 마지막까지도 신라 영토 곳곳에 뿌리 깊이 남아있던 고유신앙(무속신앙)을 문수신앙으로 바꾸어 불교신앙으로 통합하고자 혼신의 힘을 다했다. (2021년)

---

[2] 오히려 산청 구형왕릉에 김유신 스토리가 남아있다.

원효대사의 발자취를 따라,
경북 경산慶山에서

경북 경산은 '삼성현三聖賢'의 고장이다. 세 분의 성인이 태어나고 자란 곳이라는 뜻이다. 경산의 대표적인 인물은 원효대사(신라인), 설총(신라인), 일연스님(고려인)이다.

원효대사元曉大師 '해골물'하면 모르는 사람이 없다. 해골 물로 깨달음을 얻은 일화로 인해 더욱 유명해졌다. 이렇게 유명한 인물이 태어나고 자란 경산에 살고 있으니 가까이에 있는 원효대사 유적지를 찾아보기로 했다.

경산에는 원효대사와 관련된 사찰이 3개 있다. 제석사, 초개사, 반룡사이다. 원효대사의 어머니 조씨 부인은 유성이 품에 안기는 태몽을 꾸고 원효대사를 잉태했다. 만삭 때 압량군 불지촌(押梁郡 佛地村, 현재 경북 경산시 자인면) 율곡 밤나무 아래를 지나다가 산기를 느꼈다. 시급한 상황이라 남편의 옷을 '밤나무'에 걸어 산실을 만들고 원효대사를 출산했다. 이에 그 밤나무를 '사라수娑羅樹'라고 불렀다. 훗날 원효대사는 자신이 태어난 밤나무 옆에 절을 지어 사라사(娑羅寺, 지금의 제석사帝釋寺)라고 이름 지었다. 현재 제석사에서는 원효대사 탄생일인 음력 5월 4일 매년 다례제를 거행하고 있다. 원효대사의 출생과 사라사(제석사), 초개사에 대한 이야기는 보각국사 일연스님이 쓴 『삼국유사』에 기록되어 있다.

제석사에 들어서니 목소리가 엄청 큰 크고 작은 두 개가 우렁차게 반겨주었다. 이렇게 표현한 이유는 스님이 친절하게 맞아주셨기 때문이다. 개들은 스님이 달래자 얌전해졌다. 여기저기 살펴보고 있을 때 스님이 얼마 전 개최된 '제2회 제석사 원효대사 학술대회'(22년 8월 21일) 책자를 주셨다. 대웅보전 옆에는 <원효성사전元曉聖師殿>이 있고 내부에 원효대사의 조상이 모셔져 있다. 원효대사상 뒤에는 원효대사의 일대기를 그린 원효대사 팔상탱화가 있다. 절에서는 원효대사를 기리기 위한 학술대회를 개최하는 한편 원효대사 성상 복장불사服藏佛事를 위해 기금을 모으고 탑을 세우기 위한 공덕주(시주)를 모집하고 있었다.

제석사는 주택가로 둘러싸여 있다. 동네 한가운데 제석사가 있다. 흔히 생각하듯이 산속에 있는 절이 아니다. 원효대사가 태어날 당시에는 인가가 없었지만 이후 동네가 조성되었나 보다. 제석사 앞은 공원으로 조성되어 마치 제석사의 마당처럼 시원하게 트여있어서 좋았고, 정자도 반듯하게 지어져 있었다. 정자에는 시계가 걸려있었는데 동네 어르신들의 모임장소인 것 같았다.

학교 다닐 때는 원효대사, 설총, 요석공주, 김춘추(태종무열왕), 김유신을 연관 짓지 못했다. 원효대사가 스님이었기 때문이다. 그런데 알고 보니 이들은 스토리가 무궁무진한 가족이었다. 원효대사와 설총은 신라시대 불교계와 유교계 스타로 부자가 전혀 다른 분야에서 위업을 달성했다. 당시에도 스님은 결혼하지 않는 것이 계율이었지만 어떻게 된 일인지 원효대사와 요석공주는 인연을 맺어 아들 설총을 낳았다. 더 놀라운 사실은 이 인연이 당대 신라 최고 권력자인 태종무열왕의 공공연한 지시 혹은 묵인 아래 이루어졌다는 사실이다.

원효대사를 생각하면 '파격破格'이 떠오른다. 신라 당시 엄격한 계율 속에서도 '무애無碍'를 실천하며 구애됨이 없는 삶을 살았다. 원효대사와 요석공주는 스님과 세속인으로 맺어지기 어려운 상황이었고, 신라의 절대적인 골품제로 봐서도 이루어지기 힘든 신분이었다. 원효대사는 6두품, 요석공주는 태종무열왕의 딸로 진골이었기 때문이다. 진골 바로 아래가 6두품이라서 큰 차이가 없다고 생각할 수 있으나 신라 골품제에서는 하늘과 땅 차이였다. 이런 난관들을 걷어주고 두 사람을 보호해 준 인물이 태종무열왕 김춘추였다. 지금 생각해도 참 신기한 인연이다.

김유신은 태종무열왕의 동지이자 사돈이다. 김유신의 여동생 문희가 태종무열왕의 정비가 되었기 때문이다. 김춘추와 김문희는 같은 진골이지만 신라 진골과 금관가야에서 투항한 왕족 진골 사이에는 엄청난 격차가 있어서 결혼이 여의치 않은 듯했다. 그런데 이 난관을 뚫어준 인물이 김춘추와 김유신을 아꼈던 선덕여왕이었다. 선덕여왕은 김춘추의 이모이기도 했다. 그렇게 문희와 결혼할 수 있었던 김춘추는 역시 파격적으로 딸 요석공주와 원효대사의 인연 맺음을 허락했다.

조선시대보다 더 엄격한 신분제 사회에서 이 가족들은 파격적인 스토리로 역사의 여러 페이지를 장식하며 우리에게 풍성한 이야기를 들려준다. 당시로 보자면 거의 가십에 가까운 일이었지만 그들은 당당하게 신라 사회를 이끌었다. 김유신의 아버지 김서현이 신라 진골 만명공주(진흥왕의 동생 숙흘종의 딸)와 결혼할 수 있었던 데는 만명의 가출과 임신, 김유신 출산의 영향이 컸다. 이렇게 나열하고 보니 이 집안에는 주체성이 강하고 새로운 일에 도전하며 자기 삶을 주도적으로 살았던 인물이 꽤 많다.

원효대사도 자기 삶을 주도적으로 개척한 인물이다. 당시 불교든 유학이든 지식인들에게 당나라 유학은 워너비 유행이었다. 불교계에서 고승이 되려면 불교 발상지 인도는 못 가더라도 전래해준 중국 땅 당나라는 갔다 와야 한다는 것이 통념이었다. 오죽했으면 의상과 원효대사가 당나라 도항을 두 번이나 시도했을까. 꼭 가야하고 가고 싶었던 불교 선진국이었기 때문이다. 그런데 그렇게 열망하던 당나라행 실현을 눈앞에 두고 원효대사는 당나라에 가지 않겠다는 결단을 내렸다.

그리고 국내에 머무르면서 전국 방방곡곡을 다녔다. 이렇게 말할 수 있는 것은 우리나라 사찰 가운데 원효대사가 세웠다는 절이 엄청 많기 때문이다. 원효대사의 이름이 가지는 불교계 대중에 대한 영향력 때문일 수 있지만 전국을 순회하며 공부하고 생각하고 저술하는 과정에서 실제로 곳곳에 절을 세웠을 가능성이 많다고 본다. 또 원효대사의 트레이드마크 '대중불교' 전파를 위해서는 경주 근방에 있기보다는 전국을 다니는 것이 적합하기도 하다.

파계한 채 거사의 모습으로 시장에서 춤추고 노래 부르며 대중에게 다가가 '나무아미타불' 염불만 정성으로 반복해도 극락에 간다며, 이해하기 쉬운 방법으로 불교를 전파했던 원효대사의 모습이 눈에 선하다. 계율을 중시했던 당시 불교계 분위기에서 원효대사는 큰 불교 행사가 열려도 초대받지 못했다. 한마디로 왕따였다. 그러나 이런 상황을 뒤집은 이도 원효대사였다.

당시 신라에서 유일하게 금강경을 해석할 수 있었던 인물이 원효대사였기에 왕실과 불교계는 원효대사를 찾지 않을 수 없었다. 대중 불교를 표방하며 낮은 곳으로 내려가 불교를 전파했던 원효대사는 불경을 독학하고 깨달으며 그 누구보다 불경에 통달했던 학승이기도 했다. 참으로 스토리가 무궁무진한 인물이다.

경산에는 원효대사와 관련된 '초개사初開寺'도 있다. 원효대사가 출가 후 자신이 살던 집에 절을 세우고 초개사라고 이름 지었다. 초개사로 가는 길은 대구한의대 삼성캠퍼스 옆 유곡지를 지나 산속이다. 차로 교행이 불가능한 소로를 천천히 아슬아슬하게 운전해서 초개사에 도착했다. 초개사 어귀에는 인가가 있었지만 초개사 주위에는 인가가 없다. 신라시대에는 이곳에 마을이 있었고 원효대사의 집도 여기에 자리했지만 지금은 완전 산속 절이었다. 정원이 단아하게 잘 관리되어 있었고, 차를 마시며 바깥 풍경을 볼 수 있는 양면 통유리창으로 된 다실 '허공당'도 있었다.

절의 중심에 극락보전이 매우 정교하고 화려한 자태로 자리하고 있었다. 극락보전은 아미타불을 모시는 곳이다. 원효대사가 제창했던 '나무아미타불' 염불은 "아미타 부처(미래불)에게 귀의"한다는 뜻으로 내생에 대한 염원이 담겨있다. 이렇게 나무아미타불과 초개사 극락보전을 연결해 보며 원효대사의 발자취를 더듬어

보았다.

  신분이나 환경, 조건에 굴하지 않고 자신의 삶을 개척해나갔던 용기 있는 신라인 원효대사를 생각하며 어떻게 살아야하는가에 대해 다시 생각해 본다. (2022년)

자통홍제존자慈通弘濟尊者
사명대사四溟大師 유정惟政

1. 밀양역에서 사명대사를 만나다

　부산에서 경산 가는 길, 밀양역에 정차한 무궁화호 안에서 무심히 창밖을 내다보았다. '사명대사(四溟大師, 1544~1610)'를 알리는 제법 큰 안내판이 눈에 들어왔다. 영남루, 얼음골, 밀양아리랑 등 관광지뿐만 아니라 '역사 속의 내 고장 인물'을 홍보하고 있는 점이 밀양역의 특징이다. 근처 청도역, 경산역, 울산역에서는 찾아볼 수 없는 풍경이다. 여러 번 지나치며 마음에 각인되었기에 어느 날 문득 관련 자료를 찾아보았다.

조선시대 한 획을 그은 인물, 역사의 전환점이 된 중요한 사건에 대한 스토리가 가까이에 있었다. 내 곁에 살아 숨 쉬는 역사. 마음이 이끄는 대로 다시 날을 잡아 밀양을 찾았다. 한참을 운전해 도착한 산촌 마을에 사명대사 생가가 복원되어 있었고, 그 옆으로 넓게 자리 잡은 터에 새 기념관이 조성되고 있었다. 어린 시절 재미있는 이야기로 다가왔던 사명대사는 도술을 부려 왜적을 혼내주던 통쾌한 캐릭터로 인상이 깊다.

사명대사를 기리는 밀양 '표충비'는 18세기 중반 영조 때 건립되었다. 나라에 큰 일이 있을 때면 땀방울이 맺혀 흘러내린다는 신비한 "땀 흘리는 비석"으로 유명하다. 유튜브로 찾아본 동영상에는 비석을 수건으로 감싸놓고 배출되는 수분을 모았다가 짜내는 장면이 담겨있다. 비석은 흑색으로 경산에서 가져온 돌이라고 한다. 핵심은 '사명대사의 호국정신과 애민정신'이니 중요한 것만 기억하면 되겠다.

2. 사명대사를 기리며, 통도사 사명암

8월 초 어머니, 김선아 선생님과 함께 통도사를 방문했다. 어머니의 시집 『통도사』 간행을 기사로 내고 싶다는 기자의 사진 촬영 요청이 있었기 때문이다. 이날 사명대사 연고지인 '사명암'을 방문했다. 너른 마당에 차를 놓아두고 적당한 수의 계단을 오르면 어느새 아름다운 연못이 한눈에 펼쳐지고 그 위에 놓인 다리가 나타난다. 아래에서 올려다볼 때는 그렇게 단아한 연못이 있을 거라고 생각하지 못했다. 연못을 가로지르는 다리를 건너 다시 계단을 오르면 작은 문을 지나 경내에 들어서게 된다.

다리를 기점으로 두 개로 나누어진 연못 공간 양 끝에 두 개의 정자 일승대(日昇臺)와 월명정(月明亭또는 무작정無作停)이 배치되어 있다. 국가무형문화재 단청 장인인 혜각스님과 제자 동원스님이 주석하면서 지금과 같은 아름다운 절을 중창했다. 일승은 혜각스님의 은사인 회명스님의 호이고, '무작정'은 동원스님이 작명해서 걸어놓은 편액이다. 단아하고 아름다운 연못과 정자, 독특하고 다양한 글씨체로 뜻깊은 한자가 새겨져있는 현판과 주련을 품고 있는 암자였다.

사명암 중심부에는 영각(靈閣, 원래 이름 조사당)이 자리해있고 사명대사와 혜각스님의 영정이 모셔져있다. 옛 국사나 대사들이 초상화에서 입고 있는 장삼長衫과 가사袈裟는 다양한 색채의 옷감으로 표현되어 단청과 같은 느낌을 준다. 근현대 스님들의 초상화나 영정사진에서 볼 수 있는 회색과 황갈색으로 된 무채색 이미지와는 대조적이다. 통도사 사명암 영각에 모신 사명대사 영정속 가사는 강렬한 초록색과 아름다운 채색 무늬가 어우러져 아름다운 이미지로 환하게 빛나고 있었다.

3. 통도사 금강계단 석가모니 진신사리 수호자

신라 자장율사가 통도사를 창건하고 금강계단을 조성해 부처님 진신사리를 모신지 950여년 뒤 통도사에 큰 위기가 닥쳤다. 오랜 내전을 끝내고 왜를 통일한 도요토미 히데요시豊臣秀吉의 군대가 대대적으로 조선을 침략해 약탈을 자행했다.(임진왜란~정유재란, 1592~1598) 선조와 조정은 조선을 지키지 못했고 백성과 국토는 철저하게 유린당했다.

사명대사는 왜군의 약탈로부터 부처님 진신사리를 지키기 위해 통도사 금강계단에 봉안되어 있던 사리를 상자 두 개에 나누어 스승 서산대사에게 보냈다. 분실이나 약탈 등 만일의 사태에 대비해 위험을 분산시킨 조처였다. 서산대사는 상자 하나는 묘향산 보현사에 보관하도록 하는 한편, 다른 하나는 되돌려 보내 통도사 금강계단에 안치하도록 했다. 부처님 사리를 안전하게 봉안할 장소로 바다 가까이 왜적의 침략 가능성이 높은 금강산보다는 묘향산이 더 안전하다고 판단했기 때문이다. 이런 연유로 조선의

4대 서고 중 유일하게 전화를 면한 『조선왕조실록(태조~명종)』(전주사고본全州史庫本)과 전주 경기전에 모셨던 태조 이성계의 어진도 묘향산 보현사 별전에 보관되고 있었다(1597).

전쟁이 끝난 1603년 사명대사는 전쟁으로 불탄 양산 통도사 금강계단을 복구하고 사리탑을 중수해 석가모니 부처님 사리를 봉안했다. 당나라에서 부처님 진신사리를 모셔와(643) 통도사 금강계단에 봉안했던(646) 신라 대국통 자장율사의 뜻이 다시 복구된 해였다. 천 년(960년)의 세월을 건너 자장율사와 사명대사는 통도사에 부처님의 진신사리를 봉안하는 대업을 이루었다.

경남 양산 영축산 통도사 '사명암'은 사명대사의 통도사 금강계단 중수와 진신사리 수호를 기념하기 위해 '당호 사명당'에 따라 이름을 지은 유일한 절이다. 경내 안내문에 따르면 1573년(선조 6) 사명대사를 흠모한 이기爾奇와 신백信白이 사명암을 창건했고, 사명대사가 이곳에 모옥茅屋을 짓고 수도하면서 통도사 금강계단의 부처님 사리를 수호했다고 전한다. 1573년은 사명대사가 30세 나이로 직지사(경북 김천) 주지로 시무하던 시기였고, 출가 15년 만에 고향 밀양을 찾았던 해다.

임진왜란(1592)이 일어났을 때 사명대사는 금강산에 머무르고 있었고 금강산 건봉사에서 승병을 일으켰다. 전후에는 조정의 의뢰를 받아 대마도주에게 외교문서를 전달했으며, 서산대사와 긴밀한 의논에 따라 왜 본토에 건너가 도쿠가와 이에야스德川家康와 회담을 했다(1604). 귀국길에 조선인 피랍인(피로인被擄人) 3,000여명, 왜인이 훔쳐간 부처님 진신사리 10~12과를 되찾아 왔다(1605).

이때 돌려받은 부처님 치아 사리는 강원도 고성 금강산 건봉사에 안치되어 있다가, 1724년 경종 때 사리탑을 세워 봉안되었다. 최근 건봉사를 두 번째 방문했다. 군인들의 검문도 없어져서 마음 편하게 방문할 수 있었다. 건봉사 경내에는 사명대사 동상과 기념관이 설치되어 있고 부처님 치아사리를 친견할 수 있었다. 건봉사에 있는 '사명대사사적비'는 1800년 정조 때 세워진 것으로 사명대사의 충절과 업적을 기리고 있다. 이 비는 1943년 일제 식민지 전시체제 하에서 민족정신 말살과 반일사상 억압을 목적으로 일본인에 의해 파괴되어 파편만 남았으나, 2017년 탁본을 참조해 복제한 비를 다시 세웠다.

사명대사가 입적한 경남 합천 가야산 해인사 홍제암 '사명대사석장비'도 일본인 경찰서장에 의해 4조각으로 파괴되었으나, 해방 후 깨어진 비석을 이어 붙여 다시 세웠다.

1943년 일본의 패망이 짙어가던 상황에서 일본경찰은 사명대사를 기리는 비석들을 파괴하는 방식으로 한국인의 기억에서 호국의지와 항일정신을 없애버리고자 했다. 사명대사는 전란극복과 자주독립의 상징이었다.

4. 봉은사 시절 : 승과(선과) 급제 및 학자 관료들과의 교유

사명대사는 1544년 경상남도 밀양 무안면 고라리 양반가문에서 태어났다. 풍천 임씨로 속명은 임응규, 법명은 유정惟政, 당호는 사명당四溟堂, 호는 송운松雲, 별호는 종봉鍾峯이다. 7세 때 조부로부터 『사략史略』을 배웠다. 『사략史略』은 고려 말 이제현이 대의명분을 중시하는 성리학적 유교사관에 입각해 저술한 역사서다. 13세 때 조부의 권유로 경북 김천 황악산 아래 살던 유촌 황여헌의 문하에서 『맹자』를 공부했다. 15세 때 어머니 달성 서씨가 돌아가시고, 16세 때 아버지마저 세상을 떠나면서 불교에 귀의하게 되었다. 경북 김천 황악산 직지사 신묵화상 문하에서 불교 공부를 시작했고(1559), 18세 때 한양에서 실시하는 승과에 응시해 급제했다(1561, 명종16).

유학을 공부하던 선비가 불교에 귀의하고 또 승과에 응시할 수 있었던 데에는 시대 상황과 주변 인맥의 영향이 컸다. 유학 스승 황여헌, 직지사 주지 신묵화상, 선교양종판사禪敎兩宗判事 겸 봉은사 주지 보우대사普雨大使가 서로 교류하며 친분이 있던 사이였다.

김천 직지사를 부흥시키기 위해 신묵화상을 직지사 주지로 보낸 이가 보우대사였다. 보우대사는 명종 대 대비 문정왕후(명종의 어머니)가 불교중흥을 위해 발탁한 불교계 인물로 보은사 주지로 임명되어 승과를 부활시키고 주관했던 시험관이기도 했다. 오늘날 서울 강남구 삼성동 무역센터 자리가 '승과 과장'이었고, 가까이에 봉은사가 자리하고 있다.

조선은 성리학을 근본으로 하여 세운 나라였고 강력한 억불숭유정책으로 인해 불교와 각지 사찰은 쇠락해갔다. 다만 왕릉을 수호하는 왕실의 원찰은 예외였다. 명종 즉위(1545)와 함께 수렴청정으로 실권을 잡은 문정왕후는 독실한 불교신자로 신하들의 반대를 무릅쓰고 불교중흥정책을 추진했다. 허응당 보우대사虛應堂 普雨大師를 봉은사奉恩寺 주지로 임명하고 불교중흥의 중심으로 삼았다. 선종과 교종을 부활해 봉은사를 선종의 으뜸 사찰, 봉선사奉先寺를 교종의 으뜸 사찰로 삼았고, 승과를 부활시켰다. 이때부터 서산대사, 사명대사처럼 양반사대부 출신으로 학식을 겸비한 뛰어난 불교 인재가 배출되기 시작했다.

사명대사가 불교에 입문해 승과에 응시했던 시기는 불교중흥정책이 시작된 지 10년이 지나 어느 정도 자리가 잡혀가던 때였다. 사명대사는 18세 나이로 승과에 급제(1561, 명종16)해서 30세 즈음 직지사 주지로 부임하기까지 봉은사(현재 서울시 강남구 삼성동)에 머물렀던 것으로 보인다. 봉은사에 기거하며 학문과 수행에 정진하던 동안 봉은사 주지였던 보우대사, 유학자 관료들과의 교류가 본격적으로 이루어졌던 것으로 생각된다.

1565년 불교계의 상황은 급변했다. 문정왕후가 양주 회암사楊州 檜巖寺를 중창하고 낙성식 겸 무차대회無遮大會를 진행하던 중에 병사하면서 불교계를 수호해주던 울타리가 사라져버렸다. 문정왕후 사후 보우대사를 죽이라는 유생들의 상소가 빗발쳤다. 율곡 이이의 상소 '논요승보우소'가 결정타였다. 보우대사는 '요승'으로 규정되었고, 제주도로 유배되어 사적인 죽임을 당했다. 억불숭유정책으로의 회귀를 상징하는 사건이었다. 서산대사에게 "천고에 둘도 없는 지인(至人, 성인)"이라는 극찬을 받았던 보우대사는 요승의 이미지로 각인되어 조선시대 내내 복권되지 못했다.

문정왕후 사후 회암사는 퇴락했지만 봉은사, 봉선사, 직지사는 명맥을 유지할 수 있었다. 왕릉이나 태실을 수호하고 선왕의 명복을 비는 왕실사찰이었기 때문이다. 봉은사는 선정릉(성종, 정현왕후, 중종), 봉선사(경기도 남양주시 운악산)는 광릉(세조, 정희왕후), 직지사(경북 김천 황악산)는 정종의 태실을 수호하는 사찰이었다.

사명대사는 봉은사에 머무는 동안 "불경을 배우려는 사람이 산문에 구름처럼 모여들" 정도로 승려로서 명망을 쌓았다. 시를 잘 지었고 초서와 해서에 능해 많은 양반 사대부 문인들과 교유하며 시문을 주고받았다. 사명대사가 교류했던 인물들은 관료, 학자, 시인, 서예로 이름난 이들이었다. 노수신(영의정), 박순(영의정), 이산해(영의정), 윤두수(영의정), 허봉, 허균, 이달, 최경창, 임제, 고경명 등이다. 봉은사 주지 보우대사가 평소 불교와 유교의 융합을 강조하며 유학자들과 교유했던 인물이었기에 봉은사에 머무르던 사명대사도 유학과 불교 지식을 바탕으로 자연스럽게 불교에 호의적인 문인들과 폭넓게 교유했다.

5. 직지사 주지 시절 『허응당집』 발문으로 보우대사를 기리다

문정왕후의 병사(1565), 뒤이어 보우대사의 제주도 유배와 피살(1566) 이후 조선은 다시 억불숭유정책으로 회귀했다. 그리고 8년의 시간이 지났다. 1573년 사명대사가 30세 나이로 직지사 주지로 재임할 때 보우대사의 제자 태균이 스승 보우대사의 문집을 간행하고자 찾아왔다. 조선시대 개인의 문집 간행은 주위의 협조 없이는 힘든 일이었는데 당시 보우대사의 문집을 간행할 수 있는 분위기가 조성되었던 것으로 보인다.

사명대사는 보우대사의 유고집『허응당집』의 발문을 썼고『나암잡저』를 교정했다.『허응당집』발문에서 "동방의 좁은 땅에 태어난" 보우대사의 넓은 인품과 업적을 높이 평가하며 당당하게 소신을 밝혔다. 사명대사가 보우대사에게 받은 감화나 영향력이 상당했음을 알 수 있다.

6. 사명, '선 수행'과 '운수행각'에 몰두하다

사명대사는 1575년 32세의 나이로 봉은사 주지에 임명되었으나 사양하고 묘향산 보현사에 들어가 '서산대사 휴정西山大師 休靜'의 제자가 되어 가르침을 받았다. 1576년부터는 스승에게 배운 '남종선南宗禪'의 가르침을 익히고 실천하기 위해 '운수행각雲水行脚'에 몰두했다. 이 시기 사명대사는 '광객狂客' 곧 미친 사람이라 불렸지만 자신은 그렇지 않다고 부인하며 가야산 홍류동계곡에서 답답한 속마음을 토로하기도 했다. "이 세상에 태어난 나 어떤 사람인가. 우뚝하고 기이해 맞는 데가 없구나." "세찬 계곡물 소리"는 사명대사의 방황을 나타내는 듯하다.

사명대사는 가야산 계곡에서 신라 말 유불선儒佛仙을 아울렀던 최치원의 발자취를 더듬으며 자신의 정체성을 찾고자 했다. 이

때 지은 시는 해인사를 묘사하는 한편으로 신선이 마시는 음료수(경장)와 옥황상제를 언급하는 등 도교적 색채를 띠었다. "7년 가뭄에도 줄지 않고 9년 홍수에도 늘지 않는 동해 바다"같이 넓고 깊어 측량할 수 없는 "군자의 도량"과 수미산 사방에 있는 바다를 상징하는 사해바다를 뜻하는 '사명四溟'을 자신의 호로 사용했을 때가 35세(1578)였다. 이 해 사명대사는 스승 서산대사의 문하를 떠나 금강산 보덕암에 들어갔다. 2년 뒤에는 스스로를 '사명광한狂漢'이라 지칭하며 미치광이임을 실토했다. 깨달음을 행하는 운수행각에 미쳤음을 스스로 인정한 것인가.

선조 대는 사림士林이 집권하며 붕당朋黨정치가 시작된 시기다. 1589년 사명대사 오대산에 머무르며 '월정사 중창(1587~1590)'에 힘쓰고 있던 가운데 '기축옥사'에 연루되어 강릉부에 투옥되었다. 집권 서인세력이 정적 동인세력을 제거하기 위해 광범위하고 무차별적으로 정치탄압을 자행하던 때였다. 다행히 강릉 유림의 상소 덕분에 풀려났다. 이는 사명대사가 무고를 당한 사안이었던 데다 강릉의 관인 사대부들과 교유하며 쌓은 친분과 신뢰가 있었기에 가능한 일이었다. 서산대사 역시 기축옥사에 연루되어 선조에게 친국을 받았으나 무죄 방면되었다.

7. 승병장 사명대사, 충의와 자비의 기치를 들다

임진왜란(1592)이 일어날 때 사명대사는 금강산에 머무르고 있었다. 강원도 고성 건봉사에서 승병을 모집하고 있던 차에 도총섭 서산대사와 도체찰사 유성룡의 격문에 호응하여 왜군으로부터 평양성을 되찾기 위해 지휘본부가 있는 평안도 순안 법흥사(평양 근처)로 향했다. 길 위에 백성들의 시체가 사방에 널려 있는 것을 보고 "독사의 무리가 이 땅에 독을 쏘아 생민을 어육으로 만든 것은 말로 다할 수 없어" "통곡하고 또 통곡했다." 도중에서 대대적으로 승병을 일으켜 평양 외곽에 도착했을 때는 사명대사를 따르는 승병이 1천여 명으로 불어났다. 사명대사는 의승도대장에 임명되어 승병을 거느리고 게릴라전으로 왜군의 보급로를 차단했고, 1593년 1월 평양성 탈환 전투에서는 모란봉 탈환에 큰 공을 세웠다.

1593년 조명연합군 5만 3천명 가운데 조선군 1만 명, 조선군 가운데 승병이 5천명이었다. 조선군의 반이 의승병이었다. 조선시대 억불정책으로 고통 받았던 불교계가 구국을 위해 목숨을 내놓고 대대적으로 나섰던 것은 서산대사와 사명대사를 비롯한 승병장들의 리더십 덕분이었다. 특히 서산대사와 사명대사는 문정왕후가 수렴청정하며 부활시켰던 국가고시 승과 급제자였고, 국가의 지원을 받는 봉은사에 머무르며 수도했다. 문정왕후 사후 보우대사가 죽임을 당하고 불교는 정치적 탄압을 받았지만 승려들은 조선의 땅과 백성, 산사를 지키기 위해 '충의'와 '중생구제'를 명분으로 승병을 일으켰다.

　조선 건국 이후 조정에서 출가를 금지했던 명분은 군역을 피하기 위해 출가하는 사람이 많아 병력이 부족하다는 이유였다. 승병들은 오명을 씻고 구국을 위해 명예롭게, 중생을 구제하는 자비로움으로 기꺼이 전투와 축성에 헌신했다. 허균이 지은 <사명대사석장비문四溟大師石藏碑文>에 의하면 임진왜란이 일어나자 사명대사는 문도들에게 "석가여래가 세상에 나온 것은 원래 중생을 구제하기 위함이다. 왜적을 물리치는 것이 자비의 가르침을 저버리지 않는 것이다."라며 승병을 일으켰다.

　사명대사는 평양 탈환에 뒤이어 한양 수복을 위한 노원평전투, 수락산전투 등에서 큰 공을 세워 선교종판사(禪敎宗判事) 당상관직(정3품)에 제수되었다. 한양 탈환 뒤 서산대사는 의승병장 제자들에게 뒷일을 맡기고 묘향산으로 돌아갔다. 사명대사는 승병들과 함께 남하해 경남 의령 근처 사찰을 중심으로 산야를 개간해 식량을 비축했고, 군기 제조에도 힘을 기울여 경상도총섭 신열로 하여금 해인사 근처 야로(冶爐, 대장간)에서 병기(활과 화살촉)를 만들어 보관토록 했다. 또한 투항한 왜군 조총병을 비변사에 인도해 화약 제조법과 조총 사용법을 가르치도록 했다. 각지에 산성을 수축해 왜적의 침공에 대비했다.

선조가 적시했듯 사명대사는 '영남' 출신이다. 밀양이 고향으로 영남 사림의 종조 김종직과 동향이다. 영남 사림(士林, 유림)은 무엇보다 '충절'과 '절의'를 중히 여겼다. 조선의 관직을 거절하고 낙향해 고려에 절의를 지킨 길재(구미), 단종을 몰아내고 왕위에 오른 세조를 비판하는 '조의제문弔義帝文'을 지은 김종직(밀양), '조의제문'을 사초(실록 자료)에 실었다는 빌미로 죽임을 당한(무오사화) '직언과 직필'의 김일손(청도), 언로를 말살하려는 연산군의 광기에 죽임을 당한(갑자사화) 김굉필(대구 달서군 현풍), 중종에게 배반당해 죽임을 당한(기묘사화) '개혁의 아이콘' 조광조, 을사·정미사화로 희생된 이언적(경주), 퇴계학파의 스승 이황(안동), 남명학파의 스승 조식(합천)으로 이어지는 학맥이고 정신이다. 출가 이전 사명대사의 유학 스승이었던 황여헌이 이황의 후손이다.

사명대사는 21세 때 개성을 둘러보며 고려에 충절을 지킨 정몽주를 기려 '선죽교' 시를 지었다. 영남 출신 사명대사 역시 충절과 절의를 중시했다. 사명대사 역시 조선이 임진왜란으로 위기에 처하자 의승병을 일으켜 전투와 후방 전력 강화에 힘쓰고, 혼자 적진에 들어가 적장과의 회담과 정세 탐지에 임했다. 전쟁 종식 후에도 여러 지역의 성곽을 수축하고 방비하는 국방의 의무를 우선시했다. 조정(비변사)과의 긴밀한 논의 끝에 '탐적사'(민간인 특사)의 임무를 띠고 대마도에 파견되었다. 내처 일본본토에 건너가 도쿠가와 이에야스와 회담하고 왜란 때 납치된 조선민간인 송환을 성사시켰다. 사명대사는 충의와 리더십, 친화력, 승려로서의 이점을 충분히 발휘해 구국 구민 활동을 펼쳤다.

8. 수차례 적장과 회담하고 현안에 대한 상소문을 올리다

　1594년 조선 조정은 사명대사를 울산 서생포 왜성에 파견해 가토 기요마사加籐清正와 회담하고 적정을 탐지토록 했다. 이 회담으로 사명대사는 명군 심유경과 고니시 유키나가小西行長 사이의 강화회담에 대한 정보를 입수해 조정에 보고했다. 명군은 평양성 탈환으로 왜군의 북진을 저지하고 명에 대한 침공을 미연에 방지하는데 성공했기에 더 이상 왜군과 전쟁할 생각이 없었다. 왜군과 명군 사이에 강화교섭이 시작되고 조선영토 분할과 할양문제가 거론되기 시작했다. 강화에 반대했던 조선 조정은 명·왜 강화회담의 결렬을 원했고 그 맥락에서 사명대사를 적진에 파견했다. 강화교섭은 가토 기요마사加籐清正와 고니시 유키나가

小西行長의 경쟁구도에 따라 투 트랙으로 시도되었다.『선조수정실록』에 의하면 사명대사는 두 진영을 오가며 화의를 시도했고,『선조실록』과『분충서난록奮忠紓難錄』에 의하면 가토 기요마사 진영에 파견되어 적정을 탐지해 조정과 명군에 정세를 보고하는 역할을 수행했다. 이 시기 사명대사는 '송운松雲'이라는 호(이름)를 사용하기 시작했다. 소나무와 구름이라, 산사를 그리는 마음인가 한다.

사명대사는 선조에게 상소문(1594)을 올려 현안에 대한 대책과 자신의 충심을 피력했다. 이 상소에서 '왜에 대한 화의와 전쟁, 각각의 장단점과 대책'을 논하고, 양단간에 선조의 결단을 촉구하며 자신은 어느 쪽이든 그 결정에 따라 헌신할 것임을 강조했다. 이에 선조는 "적을 쫓아 남으로 내려가 적과 대치하고 있으면서, 여러 번 적중에 출입하여 적장과 더불어 논변했으니, 이는 사람으로서 하기 어려운 일"이라며 사명대사를 높이 평가했다. 사명대사를 불러들여 만일 환속하면 백리의 지방을 맡기고 3군의 장수를 삼겠다고 권유했을 정도였다. 경상과 전라를 오가며 왜군에게 타격을 주고 전과를 올리고 있던 중에 조정의 명을 받들어 왜성 진영에 들어간다는 것은 목숨을 건 충의의 발로였다. 가토 기요마사가 아무리 독실한 불교신자라 할지라도 웬만한 배포 없이는 정말 해내기 어려운 임무였다. 이 공으로 사명대사는 절충

장군첨지중추부사(정3품)에 제수되었다.

두 번째 상소(1595)에서 사명대사는 당시 진행되던 명·왜 강화교섭에 대한 지나친 기대를 경계하며 방비를 위한 부국강병책을 건의했다. 사명대사는 왜란 중에 또 전후에 여러 지역에서 산성 수축과 방비에 힘썼다. 호국과 민생안정을 위한 자신의 소신을 실천했다.

가토 기요마사와의 3차 회담 결과 정유재란이 확실시되는 상황에서 사명대사는 세 번째 상소(1597)를 올렸다. 강화교섭 분위기에 따라 일본본토로 철수한 왜군이 많고 조선 해안가 왜성에 남아있는 왜군의 수는 적으니 조선군이 총공격한다면 이길 승산이 있다고 판단했다. 이에 따라 왜군에 대한 선제공격을 주장하며 선조의 조속한 결단과 실행명령을 촉구했다.

허균은 사명대사의 행적에 대해 "악마를 죽여 어려운 것을 구제하는 것이 바로 불가佛家의 공덕"이라고 찬하며 불자로서 중생을 구제했다는 점을 강조했다. 『선조실록』을 편찬한 역사기록관 史官들은 사명대사가 올린 상소문(1597)의 요약문을 실으며 "적을 토벌해야한다는 의리를 개진"한 사명대사의 충의를 높이 평가했다. 사명대사 유고집 『분충서난록奮忠紓難錄』(1688)에는 유실되어 실리지 못했던 자료가 『선조실록』에는 요약으로나마 기록되어 있어서 사관史官들이 사명대사의 기개를 얼마나 높이 평가했는지 알 수 있다. "난리를 겪은 이래 조정의 여러 신하들이 한결같이 위축되어 더러는 화의를 논하고, 더러는 훈련을 핑계대며 뒷날을 도모하는 등 구차스레 그럭저럭하는 사이에 6년이 지났는데, 한 사람도 의리에 의거해 태도를 결정하려는 계획을 바쳤던 자가 없었다. 유정(사명대사의 법명)의 상소는 말에 조리가 있고 의리가 바르니 당시의 병통을 정확하게 지적했다. 육식자(肉食者, 양반 사대부 관료를 뜻함)들이 어찌 부끄러워하지 않겠는가. 이 때문에 특별히 기록한 것"이라며 사명대사를 역사에 떳떳하고 의로운 인물이라고 평가했다.

9. 양산 통도사 금강계단을 복구하다

사명대사는 선조를 비롯해 양반 사대부 관료들과의 관계를 잘 유지해갔던 참으로 유연한 인물이었다. 의병장 가운데는 조정이나 관군과의 조율이 원만하지 않아 갈등과 불만이 있는 경우도 있었다. 이에 반해 사명대사는 남다른 친화력으로 좋은 관계를 유지했다. 왜란 중에는 영의정 겸 도체찰사 유성룡과 밀접하게 연락하며 전선을 구축했다. 이런 연고로 조정의 신임을 받았고 가토 기요마사와의 회담에도 투입될 수 있었다. 국내외에서 왜인들과 회담하는 과정에서도 광범하게 교류하며 무난한 관계를 형성했다. 왜란 이후 복구과정에서는 경상도 체찰사 이덕형, 체찰사 이원익과 긴밀히 협력했다. 1602년부터는 대마도 사절단 파견문제를 놓고 조정과 논의했다. 이 시기 사명대사는 동지중추부사(종2품)직에 임명되었다. 사명대사에게 거는 기대가 컸음을 알 수 있다.

1603년 사명대사는 휴가를 내어 금강산으로 스승 서산대사를 찾아뵈었고, 10년 만에 오대산을 방문해 상원사에 머물렀다. 강릉에 있는 허균을 방문해 남종선南宗禪의 선 수행에 대해 조언해 주었다. 이듬해에도 사명대사는 참선에 관한 견해를 묻는 허균의 편지를 받고 답장을 보냈다. 훗날 허균은 "사명대사가 세상을 건지고 환란에서 구한 것도 선禪의 한 경지에서 나온 것임을 알았다"고 회고했다.

사명대사는 통도사 금강계단 사리가 왜군에게 도난당할 것을 우려해 상자 두 개에 나누어 금강산에 머물고 있던 서산대사에게 보냈다. 서산대사는 영남만이 왜적의 침탈을 우려할 일이 아니며 왜적이 노리는 바가 사리보다는 금은보화에 있으며, 자장율사의 뜻이 통도사에 부처님 사리를 안치하는데 있다고 하여 한 상자는 통도사로 돌려보냈다. 1603년 사명대사는 전쟁으로 불탄 양산 통도사 금강계단을 복구하고 사리탑을 중수해 부처님 사리를 봉안했고, 대구 달성 용연사를 다시 짓도록 했다. 먼저 각지 산성을 수축해 외침을 방비할 수 있게 해놓은 다음 사찰 복구와 중창에 나섰음을 알 수 있다.

통도사 기록에 의하면 전란 중에 왜군이 통도사 금강계단을 헐고 사리를 훔쳐갔으나 동래사람 옥백거사가 왜군에 피랍되었다가 사리를 도로 찾아 도망쳐왔다고 한다. 건봉사 기록에 의하면 사명대사가 왜에 건너가서 왜군들이 통도사에서 훔쳐간 부처님 사리를 반환받아 왔다고 한다(1605). 왜군의 약탈이 광범하게 자행되었고, 반환 노력도 다양하게 진행되었음을 알 수 있다. 궁금한 점은 건봉사가 왜군에게서 돌려받은 부처님 진신사리(치아)를 1605년 당시에 사리탑을 세워 봉안하지 않고 120년이 지난 1724년 경종 때 가서야 사리탑을 세워 봉안했던 것은 무슨 사정이 있었을까. 18세기 강원도 고성 건봉사와 경상도 밀양에서 유림과 불교계의 주도 하에 사명대사 추모의 움직임이 선순환구조로 일어났던 것과 연관이 있을 것이다.

한편 서산대사는 사명대사가 보낸 부처님 사리를 묘향산 보현사에 봉안했다. 금강산은 바다 가까이에 있어 적국과 가깝기 때문에 부처님 진신사리 보관처로 묘향산 보현사가 알맞다는 판단에 따른 것이다. 이리하여 통도사 부처님 사리는 평안도 묘향산 보현사와 경상도 영축산 통도사에 나누어 안치되었다. 또 다른 기록에 의하면 이 때 서산대사가 부처님 사리를 태백산 갈반사 葛盤寺에 봉안했다고 한다. 갈반사는 오늘날 정암사를 말하는 것인지 알 수 없다. 이후 이를 통도사로 옮기면서 일부를 평안도 묘향산 내원암, 경상도 비슬산 용연사에 봉안했다고 한다(1614, 광해군 6). 1614년이면 서산대사도 사명대사도 다 입적하고 안 계실 때이다. 용연사에서는 1673년(현종 14)에 가서야 금강계단을 조성하고 통도사 부처님 사리 일부를 봉안하게 된다.

10. 민간인 특사로 대마도에 건너가다

종전 후 조정에서는 사명대사를 대마도에 파견해 대마도의 교류 재개 요구에 응하는 한편 왜의 정세를 파악하고자 했다. 이 때 거론되었던 사명대사의 자질이 담대함이었다. 사명대사는 여러 차례 적진을 드나들며 적장 가토 기요마사와 회담할 때 조금도 위축되거나 흐트러짐 없이 당당한 태도를 유지하며 큰 소리 치는 배포를 가졌다. 가토 기요마사는 이런 사명대사를 매우 좋게 보고 매번 그 사람됨을 칭찬했다고 한다. 왜에서 탈출해온 조선인들은 "왜인들이 송운(松雲, 사명대사의 호)의 이름을 전해가며 칭찬했다"고 증언했다.

1604년 사명대사는 스승 서산대사의 부음을 듣고 묘향산으로 가던 도중에 선조의 부름을 받고 한양으로 발길을 돌렸다. 61세 나이에 탐적사(探賊使, 적정을 탐지하는 사절), 곧 민간인 특사 자격으로 대마도에 파견되었다. 이때 각지에서 수많은 양반 사대부들이 사명대사에게 송별시를 보내 앞날의 무운을 빌었다. 대마도에 가는 일은 목숨을 건 매우 위험한 일로 호구(호랑이 입)로 들어가는 것으로 간주되었기 때문이다. 조정에서는 사명대사가 대마도에 갔다가 왜의 강요에 의해 억지로 본토까지 가게 될까봐 끊임없이 걱정하기까지 했다.

조정에서는 대마도의 수교(무역) 요구를 어쩔 수 없이 받아들이되 침략에 대한 사과도 받지 않은 상태에서 관료를 파견하는 건 시기상조라고 여겼다. 이에 관료가 아니면서도 무게감 있고 담대하며 왜장과 수차례 담판 경험자인 사명대사를 정세 파악의 적임자로 파견했던 것이다. 왜가 불교를 신봉했기에 승려 파견이 유리한 점도 있었다. 사명대사가 대마도와 일본본토에서 일본인들과 교섭하는 과정에서 도총섭(승려 총괄직) 서산대사의 이름과 유언을 전면에 내세웠던 이유도 여기에 있었다.

사명대사는 도해渡海를 앞두고 "마장魔障" 곧 왜군의 침략으로 인해 승려로서 산사에서 수행하지 못하고 중생을 구제하기 위해 세상일에 분주한 자신의 처지를 시로 읊었다. 그러면서도 "임금의 명을 받아" "임금의 은혜가 깊어" 충의로 마음을 다잡았고, "한나라 무제의 명을 받아 흉노를 정벌하기 위해 장도에 올랐던 장건"을 떠올리며 결연한 의지를 다졌다. "동해바다 물을 저울로 달아 나그네 깊은 근심과 견주어보라"는 구절은 사명대사가 얼마나 무거운 책임감을 느꼈는지 알 수 있는 대목이다. 사명대사의 사행길에는 비공식으로 여러 명의 승려가 동행해 대구 달성 용연사의 '목조관음보살상'을 받들고 갔다. 오고가는 험난한 여정과 왜인들과의 교섭에 부처님의 가호를 바라는 마음이었다.

11. 도쿠가와 이에야스德川家康와 회담, 납치된 조선인 3,000여명을 구출해오다

사명대사는 대마도주에게 조선 예조에서 보내는 문서를 전하는 한편 "나라가 망하는 것보다 더 안타까운 일은 조선의 남녀가 끌려와 부림을 당하고 있는 것"이라며 조선인 피랍인(피로인) 송환에 대한 간절한 의지를 표명했다. 사명대사는 외교문서 전달과 대마도 정탐이 임무였지만 여기서 한발 더 나아가 왜로 납치되어 간 조선인 구출에 나섰다. 왜인들에게 자신이 조정의 외교문서 전달뿐만 아니라 돌아가신 스승 도총섭 서산대사의 유명을 받들어 피랍인을 구제하는 사명을 띠고 왔음을 거듭 강조했다. 대마도주가 원했던 것을 주는 동시에 자신이 목적한 바를 요청하며, 불교를 믿는 왜인들의 불심과 자비심에 호소하는 윈윈전략을 구사했다. 대마도에서는 도쿠가와 이에야스에게 사람을 보내 사명대사의 뜻을 전했다. 조선 조정과는 사전에 논의하지 않았던 일로, 사명대사가 교섭현장의 분위기를 보면서 유연하게 추진한 일이었다. 피랍되어 고통 받고 있던 조선 중생을 구제하고자 했던 서산대사의 유언과 사명대사의 의지에 따른 것이었다.

도쿠가와 이에야스(德川家康)는 교토(京都)에서 사명대사와 회담하기를 원한다는 답신을 보냈다. 도쿠가와 이에야스의 막부(정부)는 에도(江戶, 현재 도쿄東京)에 있었는데 교토(京都)로 부른 것은 사명대사를 배려한 것일까 경계한 것일까. 사명대사는 대마도를 떠나 시모노세키(下關), 나고야(名護屋, 도요토미 히데요시가 조선 정벌을 위해 군사를 집결시켜 출항했던 항구), 오사카(大阪)를 거쳐 교토에 도착했다. 교토에서 불교계를 비롯해 각계각층의 왜인들과 폭넓게 교류하며 시간을 보냈지만 회담이 성사되기 전까지는 초조한 기다림의 시간이었다. 이시기 사명대사는 자신이 돌아가신 스승 서산대사의 "중생을 구제하라"는 뜻을 받들기 위해 왔으며 그 목적이 피랍인 송환에 있음을 분명히 했다. 남종선 특히 임제종(일본)의 궁극적인 뜻은 '중생 제도의 자비정신'에 있음을 역설했다. 왜인들의 불심과 부처님의 자비심에 호소한 것이었다.

　교토에 온지 3개월의 기다림 끝에 1605년 3월 초가 되어서야 비로소 도쿠가와 이에야스와 회담을 하며 조선인 피랍인들을 돌려보내겠다는 약속을 받았다. 조선에 보내는 외교문서는 없었다. 불교도였던 도쿠가와 이에야스가 조선 불교계의 대표 곧 도총섭 서산대사의 제자인 사명대사에게 건넨 개인적인 호의였던 것으로 생각된다. 기약 없는 시간을 인내하며 특유의 친화력과 학식으로 왜인들과 교유하고 신뢰를 쌓으며 기다린 끝에 거둔 엄청난 성과였다. 지장보살, 관세음보살의 화신이라 해도 과언이 아닌 듯하다. 사명대사는 대마도에서 임무를 마무리하고 귀국해도 되었지만 가능성을 타진해 자지해서 왜의 본토까지 건너갔다. 예상치 못할 위험과 두려움, 피 말리는 기다림을 마다하지 않았다. 중생구제를 실행에 옮긴 진정한 선승이었다.

　사명대사는 대마도 도해 1여년 만에 피랍인 1,400~3,000여명과 함께 조선에 귀환했다. 이들은 48척의 배에 나누어 타고 부산 영도 등에 도착해 수군에 인계되었고 이후 꿈에 그리던 고향으로 돌아갔다. 조정은 종전 7년이 지나도록 피랍인 귀환을 시도할 여력도 의지도 없었다. 사명대사가 왜에서 데리고 온 피랍인들을 보고서야 관 주도로 피랍인 송환교섭을 시작했지만 너무 늦은 감이 있었다. 조정도 손절하고 포기했던 피랍인들을 끝까지 포기하지 않고 챙겨 돌아왔던 분이 사명대사다. 덕분에 많은 피랍인들이 생전에 고국에 돌아올 수 있었다. 왜에 남은 피랍인들도 자신들이 조선으로부터 다 버림받은 건 아니었음에 일말의 위로를 받고 낯선 이역에서 조금은 덜 외롭게 삶을 이어갈 수 있었다. 허균이 지어서 조정과 광해군에게 올린 사명대사 유정의 시호 "홍제弘濟"는 널리 세상을 구제한다는 뜻이다.

사명대사의 사행使行은 한양을 출발해서 다시 한양에 돌아오기까지 11개월이 걸린 여정이었다. 스승 서산대사의 장례식에도 참여하지 못하고 한양으로 소환되어 갔던 때부터 1년 3개월이 넘는 시간을 대왜 교섭 준비와 실행에 쏟았다. 대마도와 교토에서 머무를 동안 수많은 일본인들과 교류했다. 이 인연으로 사명대사의 유필이 일본에 남아있는 경우가 적지 않다. 오랜 전쟁과 산성 수축, 국방 경비를 하며 복무한 지 14년 세월이었다. 62세의 연세로 바다를 건너 오가는 여정에서 고생이 많았을 것으로 짐작된다.

사명대사는 귀국 즉시 한양에 올라가서 조정에 보고했다. 선조는 친히 불러 일본에서 있었던 일을 묻고 치하했다. 말과 모시옷 한 벌을 하사했고 가의대부행용양위대호군에 봉하고 부모, 조부모, 증조부모 3대를 증직('교지'는 밀양 표충사 박물관 소장)했다. 이후 사명대사는 사고(史庫, 『조선왕조실록』 등 왕실과 조정의 중요한 책을 보관하던 서고) 설치 문제로 바로 오대산으로 갔다. 1606년 완공된 오대산사고는 일찍이 사명대사가 월정사를 중수할 때 머물렀던 영감난야(암자) 자리에 세워졌다. 사명대사가 중창했던 월정사는 왜란 중에도 소실되지 않았는데, 오대산에 새로 사고가 건립되면서 월정사가 수호사찰이 되었다. 오대산사고에는 왜란 때 유일하게 살아남은 『조선왕조실록』 초본(전주사고 보관본)을 보관하게 되었는데 그만큼 오대산이 제일 안전하다고 여겨졌던 것 같다. 오대산사고와 월정사가 멀리 떨어져있어 실제로 영감난야(암자)에서 사고 수호를 담당했다.

조선 조정에서는 1607년이 되어서야 왜에 피랍인 송환을 위한 사절단을 파견했다. 사명대사는 왜에 있는 지인들에게 편지를 보내 피랍인 송환에 적극 협조를 부탁하는 동시에 도쿠가와 이에야스가 했던 송환약속을 상기시키며 '중생제도衆生濟度'의 사명을 다하고자 애썼다. 그러나 종전 후 이미 10년이 지나며 결혼과 정착, 재산 축적, 조선의 냉대, 왜인의 구속 등 여러 가지 이유로 고향에 돌아갈 수 있는 조선인 수는 생각보다 많지 않았다. 사절단 일행이 데리고 온 피랍인 수는 1,418명으로 사명대사가 데리고 온 수와 비슷했다. 이후 피랍인 송환은 해가 갈수록 500명대, 300명대로 급격히 줄었다. 안타깝고 슬픈 일이다. 여전히 우리는 6·25전쟁 중 북한에 납치되고 억류된 수많은 국군포로들과 민간일들을 구출하지 못했고 비극은 반복되고 있다.

12. 가야산 해인사 홍제암에서 입적하시다

　선조가 승하(1608)하자 사명대사는 한양으로 가서 곡하며 유교의 도리를 다했다. 사명대사는 지병이 심해져 가야산 해인사로 들어갔다. 광해군 역시 사명대사를 필요로 했지만, 사명대사는 건강이 악화되어 나아갈 수 없었다. 1610년 67세의 사명대사는 제자들을 모아놓고 "네 가지 요소(지수화풍)로 된 이 몸은 참으로 돌아가려 한다."는 말을 남기고 열반에 들었다. 사명대사는 선승으로서 평생에 걸쳐 행했던 운수행각을 가야산 해인사 암자(현재 홍제암)에서 마쳤다. 사명대사를 기념하고 기억하며 추모하는 발길은 사리탑과 석장비가 있는 합천 해인사 홍제암, 생가와 표충사가 있는 밀양, 출가한 직지사, 의승병을 모아 궐기한 건봉사를 오가고 있다.

　푸르른 초가을 토요일 가야산 '해인사'로 가는 길은 울창한 소나무 숲과 계곡물의 정기를 온몸으로 받는 시간이었다. 참새가 방앗간 들르듯 매점에 들렀다. 멧돼지가 야외 테이블로 접근해와 긴장감이 높아지기도 했지만 국수는 별미였다. 굽이굽이 해인사의 역사와 인물, 국보와 보물을 따라 걸으며 선재 카페와 수다라 카페를 지나니 갑자기 세상이 조용해졌다. 이곳까지는 관광객의 발길이 거의 닫지 않나 보다. 이 길이 맞나 머뭇머뭇 홍제교 너머 마침내 '홍제암' 옆문 공간에 도착했다. 호젓한 분위기에 인적이 없었다. 나란히 정렬해있는 부도와 비석들 가운데 석종 모양의 '사명대사부도四溟大使浮屠', 사명대사의 업적을 기록한 '사명대사 석장비四溟大使石藏碑'가 모여 있었다.

   사명대사의 구국정신과 중생제도, 운수행각의 발자취는 그렇게 소박하게 묵묵히 그 자리에 있었다. 허균은 『사명집』서문과 '사명대사 석장비문'을 지으며, 사명대사에게 "불법에 통달하고 널리 백성을 구했다"는 의미로 '자통홍제존자慈通弘濟尊者'라는 시호를 지어 올렸다. 전란극복과 중생구제에 크게 공헌한 위대한 인물을 존경하고 기리며 허균이 지어 올린 시호, 허균다운 발상이었다. "홍제弘濟" 곧 널리 구국과 중생구제, 두 글자에 사명대사의 업적이 집약되어 있다. 사명대사 사후 대사가 기거했던 암자를 '홍제암'으로 명명했던 것은 허균이 지어올린 시호 '홍제'의 영향이었다. 조선 후기 유림과 관료들은 홍제존자 시호를 자연스럽게 사용했고, 사명대사의 봉작은 정1품 대광보국숭록대부 (강원도 오대산 월정사 소장 영정)에 이르렀다.

   '사명대사석장비'는 일제말기 전시체제하에서 한국인의 민족혼을 깨우고 항일의식을 고취할 만한 유물리스트에 올랐다가 파괴프로젝트(민족말살정책)에 따라 일본인 경찰서장에 의해 네 조각으로 부서져 땅 속에 묻혔다(1943). 해방 후 조각을 이어 붙여 다시 세웠지만 갈라진 상처는 흉터로 남았다. 사명대사가 그렇게 목숨을 바쳐 지켰건만 312년 뒤 못난 후손은 일본인에게 나라를 뺏기고 이런 수모를 당했다. 그 옆에는 해방 이후 새로 세운 사명대사기념비가 있었다. 한자를 해독해보려고 애쓰면서 감회가 새로웠다. 한글로 된 안내문에 전문이 제시되어 있다면 누구나 그 자리에서 사명대사가 누구인지 무슨 일을 했는지 어떻게 기억되고 있는지 알 수 있을 텐데. 전설적인 인물이 살아 숨 쉬던 그 공간에 와있다는 사실에 가슴 벅차오르면서도 사람들의 기억에서 잊힌 듯해 먹먹해졌다. 홍제암 경내는 너무 적막했고, 차마 삐걱거리며 사명대사 영정을 모신 표충사 문을 열어볼 용기가 나지 않았다. 다음 기회에 꼭 뵐게요.

13. 사명대사의 트레이드마크, 긴 수염

사명대사 스스로 '승려로서 머리를 깎았지만 세속을 본받아 수염을 길렀다'고 밝혔듯이 사명대사 영정의 특징은 '불교를 상징하는 깎은 머리, 유학을 상징하는 긴 수염'에 있다. 유불 융합을 강조했던 보우대사의 영향인지도 모르겠다. 허균이 공무로 영의정 유성룡을 방문했을 때 우연히 사명대사를 만났는데 그 때 사명대사는 "턱수염을 길게 드리운" 모습이었다(1596). 이 시기 50대 초반의 사명대사는 긴 수염을 기르고 있었는데, 전쟁 중에 기르기 시작한 것으로 보인다. 유몽인은 사명대사의 모습에 대해 묘향산 보현사에서 보았을 때 "머리는 깎고 수염은 길러 허리까지 내려왔는데 하얗게 세었더라."고 묘사했다.

이 때 사명대사는 가선대부였다. 왜에서 귀국 후 가의대부에 봉해졌으니(1605) 왜에 건너가기 전이다. 전쟁 직후 1599년 사명대사는 안동의 절에 머물며 낙동강 수비의 임무를 수행했다. 이 무렵 쓴 시에 "흰 머리에 아직도 수자리 산다."는 구절이 있는데 스스로도 백발의 세월을 의식하고 있었다. 전쟁을 거치며 어느새 흰 수염이 되었던 것으로 보인다. 대부분의 진영에는 검고 긴 수염으로 표현되어 있다. 전쟁 중에 그린 진영이어서 그런지 아니면 원판이 그러해서 다른 모사본들도 그렇게 된 것인지 알 수 없다.

남한에 있는 사명대사 진영은 경남 합천 가야산 해인사 홍제암, 경남 밀양 재악산 표충사, 경남 양산 영축산 통도사 사명암, 부산 금정산 범어사, 경남 하동 지리산 쌍계사, 경남 함양 용추사,

경북 대구 비슬산 유가사, 대구 팔공산 동화사, 경북 영천 팔공산 은해사 백흥암, 경북 김천 직지사, 경북 안동 봉정사, 안동 광흥사, 경북 상주 남장사, 경북 의성 고운사, 의성 대곡사, 의성 수정사, 대구시 군위군 압곡사, 경북 포항 보경사, 충남 공주 계룡산 갑사, 공주 마곡사, 전남 해남 대흥사, 전남 순천 선암사, 서울 동국대 박물관, 전북 원광대 박물관, 강원도 평창 오대산 월정사 (삼척 태백산 영은사본)에 있으니 한번쯤 관심을 가지고 살펴볼 일이다.

14. 사명대사를 기리며, 밀양 표충사

왜란이 끝나고 117년이 지난 1714년(숙종 40) 밀양 양반 사대부들은 연명으로 밀양부사에게 사명대사의 충을 기리는 사당 건립을 강력하게 요청했다. 이리하여 관, 유림, 승려들이 합심해 충을 드러낸다는 뜻의 '표충사表忠祠' 사당과 수호 암자를 건립했고, 1721년부터는 관에서 제수를 받아 춘추 제향을 거행했다. 조선의 유림들이 '충'을 명분으로 승려를 기리며 제사를 지낸 것은 보기 드문 특별한 사례다. 1839년 표충사表忠祠를 재약산載藥山 영정사로 옮기면서 표충서원이 건립되었고 영정사는 표충사表忠寺로 이름을 바꿨다. 표충사表忠寺는 절 안에 사당과 서원을 품고 있는, 유불이 공존하는 독특한 구조로 조성되었다. 국난의 위기에 분연히 일어나 국토를 수호한 '충의'와 부처님이 오신 목적 '중생구제'를 실천하고자했던 사명대사의 유불융합정신을 구현한 공간이 조성되었다. 아이러니하게 그 시작은 밀양 유생과 유지들의 발원이었다. 마무리는 사명대사의 법통 제자들이 주도해 현재의 표충사의 위치와 위상으로 자리 잡게 되었다.

가을이 깊어가는 날 찾아 나선 밀양 표충사는 재약산의 바위, 푸르디푸른 하늘과 죽림, 선돌과 고인돌을 합체해놓은 듯 독특한 자연석으로 된 효봉대선사(일제시기 판사 출신, 조계종 제1대 종정) 사리탑과 한글 비문이 시원스러웠다. 무엇보다 인상적이었던 것은 유불의 공간이 한자리에 함께 한 것과 박물관에 본 사명대사 관련 유물이었다. 사명대사가 일본에 갈 때 모셔갔던 '목조관음보살좌상', 조선시대 유림과 승려들이 사명대사 영전에 제사지낼 때 썼던 향로 '청동은입사향완'(국보, 1177년 고려시대 작품)이 인상적이었다.

'목조관음보살좌상'은 420년 전 사명대사와 함께 바다 건너 일본을 오가는 긴 여정을 함께 했다. 자료를 보며 먼 길에 어떻게 무거운 불상과 함께 이동했을까 의아했었는데 실물을 보고 궁금증이 풀렸다. 너무 작지도 너무 크지도 않은 적당한 크기였다. 스토리를 알고 직접 가본 사람만이 이해할 수 있는 부분이었다. '청동은입사향완'은 국보로 2021년도 통도사 탁상 달력 사진으로 보고 그 정교함과 아름다움에 매료되었던 바였다. "어, 여기서 보네!" 어둑어둑 자칫 지나칠 뻔 했다. 스토리텔링을 함께 적어두면 학생과 일반인, 신도들에게 참 재미있고 유익할 텐데 아쉬움을 남겨두고 왔다.

15. 사명대사의 면모와 운수행각

허균의 지은 비문에서 사명대사의 면모와 성품을 짐작해볼 수 있다. "키 크고(대략 7척, 210cm) 풍채가 좋으며 씩씩하고 당당한 체구에 용모가 엄숙 단정했고, 함께 앉아 대화를 나누는데 말이 간단했으나 그 뜻이 깊었다." "당시의 시무를 담론했는데 강개한 기개로 손바닥을 맞대며 이해를 타진하는 것은 옛날 의협의 풍채와 태도를 지녔고, 말안장에 기대 좌우를 돌아보며 요기를 쓸어버리려는 의지는 기골이 장대한 노장老將과 같았다."

반전도 있다. 사명대사는 절친 허봉(허균의 형)이 별세하자 "오대산에서 내려와 슬피 곡하고 만시를 지었는데 그 어구가 너무나 처절하여 아직도 생사에서 해탈하지 못한 듯" 비탄해했다. 사명대사가 허봉을 애도하며 지극히 슬퍼했을 땐 잘 이해하지 못했던 허균도 사명대사 입적 소식에 눈물로 슬피 애도하며 "정情"을 탓했다. 백발의 고승 사명대사는 임진왜란과 정유재란이 끝난 뒤에도 전쟁 이야기만 나오면 눈물로 옷깃을 적셨다고 한다. 비극적 사건이자 비극의 역사를 기억하며 그런 일이 일어나지 않도록 하는 것이 후대가 해야 할 일이다.

사명대사의 삶을 살펴보며 여운으로 남았던 점은 어디 한 곳에 오래 머문 적이 없었다는 사실이다. 그런 만큼 연고지는 전국 각지에 퍼져 있었다. 이러한 사명대사의 행적을 궁금해 하는 과정에서 '운수행각雲水行脚'이라는 선禪수행법을 알게 되었다. 구름처럼 떠돌고 물처럼 흘러간다. 수행을 위해 '만행萬行'을 떠나는 것이 운수행각이라고 한다. 사명대사의 일생은 운수행각과 '안거安居'를 오가는 삶이었다. 결국 우리 삶도 그러한 것이 아닌가 한다.

선수행禪修行에 대해 잘 모르긴 해도 진정으로 선의 깨달음을 온몸으로 실천한 선승이라는 마음이 들었다. 임진왜란을 기점으로, 이전이 깨달음의 시간이었다면 이후는 깨달음을 실천한 시간이었다. 지옥에서 인간을 구제하기 위해 가장 귀중한 목숨과 해탈까지도 내려놓았던 예수와 지장보살의 여정, 세상의 고통과 희망의 소리를 살펴주고자 했던 관세음보살의 자비, 인간의 고통을 인식하게 되면서 궁궐을 나와 수행 정진으로 깨달음을 얻어 설법에 나셨던 부처님의 중생제도와 상통한다. 진흙탕에서 피어올린 연꽃과 같은 삶이었다. 이 세상에 들러주셔서 정말 감사합니다!!!

(2021년)